中华人民共和国
监察法

大字学习版

中国法制出版社
CHINA LEGAL PUBLISHING HOUSE

定价：25.00元

图书在版编目（CIP）数据

中华人民共和国监察法：大字学习版 / 中国法制出版社编. —北京：中国法制出版社，2022. 4

（法律法规大字学习版）

ISBN 978-7-5216-2647-6

Ⅰ. ①中… Ⅱ. ①中… Ⅲ. ①监察法-中国 Ⅳ. ①D922. 11

中国版本图书馆 CIP 数据核字（2022）第 064999 号

责任编辑：成知博　　封面设计：李　宁

中华人民共和国监察法：大字学习版

ZHONGHUA RENMIN GONGHEGUO JIANCHAFA：DAZI XUEXIBAN

编者/中国法制出版社
经销/新华书店
印刷/三河市国英印务有限公司
开本/880 毫米×1230 毫米　32 开　　印张/ 4. 5　字数/ 81 千
版次/2022 年 4 月第 1 版　　2022 年 4 月第 1 次印刷

中国法制出版社出版
书号 ISBN 978-7-5216-2647-6　　定价：25. 00 元

北京市西城区西便门西里甲 16 号西便门办公区
邮政编码：100053　　传真：010-63141600
网址：http：//www. zgfzs. com　　**编辑部电话：010-63141813**
市场营销部电话：010-63141612　　**印务部电话：010-63141606**

编辑说明

全民普法是全面依法治国的长期基础性工作。为方便广大读者学习法律法规，中国法制出版社全新编写了“法律法规大字学习版”丛书。在确保法律文本准确的基础上，对法条内容进行了必要的编辑加工，体例新颖，内容翔实，以帮助广大读者学习法律法规，真正让法律走到读者身边、走进读者心里。

本丛书的特点如下：

1. 大字醒目。正文法条内容通过双色印刷、大字号、宽行距等精心设计，版式疏朗，阅读顺畅，致力于为读者带来更佳的阅读体验。

2. 双色标注。对法条以双色、星级及波浪线等形式标注，既能有效消除读者对复杂、烦琐法条的畏难心理，又能帮助读者迅速把握法律法规的脉络。

3. 关联注释。在法条下方标注【相关法条】，方便读者查找翻阅关联内容，举一反三，融会贯通；同时对不易理解的法条，通过【注释】【生活小案例】【典型案例】【小测试】等版块设计，从立法背景、内容要义、实践应用等多维度帮助读者理解，力求帮助读者学懂弄通会用。

4. 实用图表。立足读者实际需求，以图表形式对所收录的法律法规重点内容进行总结提炼，贴近生活，通俗易懂，帮助读者更加直观地理解核心条款。

5. 电子增补。为了帮助读者随时掌握法律法规的最新动态，本丛书将适时进行电子增补，请读者登录中国法制出版社网站 http：//www. zgfzs. com “出版服务”中的“资源下载”频道或者关注我社官方微信公众号“中国法制出版社”免费下载。

中国法制出版社

凡　例

简　称	全　称
公务员法	中华人民共和国公务员法
监察法	中华人民共和国监察法
监察官法	中华人民共和国监察官法
宪法	中华人民共和国宪法
监察法实施条例	中华人民共和国监察法实施条例

目　　录

中华人民共和国监察法

（2018年3月20日第十三届全国人民代表大会第一次会议通过 2018年3月20日中华人民共和国主席令第3号公布 自公布之日起施行）

第一章 总 则

第一条 【制定目的】[①] 为了深化国家监察体制改革，加强对所有行使公权力的公职人员的监督，实现国家监察全面覆盖，深入开展反腐败工作，推进国家治理体系和治理能力现代化，根据宪法，制定本法。

★ **第二条 【指导思想】** 坚持中国共产党对国家监察工作的领导，以马克思列宁主义、毛泽东思想、邓小平理论、“三个代表”重要思想、科学发展观、习近平新时代中国特色社会主义思想为指导，构建集中

① 本书条文主旨为编者所加，为方便读者检索使用，仅供参考，下同。

统一、权威高效的中国特色国家监察体制。

注释

坚持中国共产党对监察工作的全面领导，增强政治意识、大局意识、核心意识、看齐意识，坚定中国特色社会主义道路自信、理论自信、制度自信、文化自信，坚决维护习近平总书记党中央的核心、全党的核心地位，坚决维护党中央权威和集中统一领导，把党的领导贯彻到监察工作各方面和全过程。

☞ **相关法条**

《监察法实施条例》第2条

★ **第三条　【监察委员会的性质和职能】** 各级监察委员会是行使国家监察职能的专责机关，依照本法对所有行使公权力的公职人员（以下称公职人员）进行监察，调查职务违法和职务犯罪，开展廉政建设和反腐败工作，维护宪法和法律的尊严。

注释

监察机关应当加强对公职人员的理想教育、为人民服务教育、宪法法律法规教育、优秀传统文化教育，弘扬社会主义核心价值观，深入开展警示教育，教育引导公职人员树立正确的权力观、责任观、利益观，保持为民务实清廉本色。

监察机关应当结合公职人员的职责加强日常监督，通过收集群众反映、座谈走访、查阅资料、召集或者列席会议、听取工作汇报和述责述廉、开展监督检查等方式，促进公职人员依法用权、秉公用权、廉洁用权。

监察机关可以与公职人员进行谈心谈话，发现政治品行、行使公权力和道德操守方面有苗头性、倾向性问题的，及时进行教育提醒。

☞ 相关法条

《监察法实施条例》第 16~18 条

★ **第四条　【监委行使职权原则、监察机关与司法机关工作关系】** 监察委员会依照法律规定独立行使监察权，不受行政机关、社会团体和个人的干涉。

监察机关办理职务违法和职务犯罪案件，应当与审判机关、检察机关、执法部门互相配合，互相制约。

监察机关在工作中需要协助的，有关机关和单位应当根据监察机关的要求依法予以协助。

注释

监察机关开展监察工作，可以依法提请组织人事、公安、国家安全、审计、统计、市场监管、金融监管、财政、税务、自然资源、银行、证券、保险等有关部门、单位予以协助配合。有关部门、单位应当根据监察机关的要求，依法协助采取有关措施、共享相关信息、提供相关资料和专业技术支持，配合开展监察工作。

☞ **相关法条**

《监察法实施条例》第6条、第8条、第9条

★ **第五条 【监察工作原则】** 国家监察工作严格遵照宪法和法律，以事实为根据，以法律为准绳；在适用法律上一律平等，保障当事人的合法权益；权责对等，严格监督；惩戒与教育相结合，宽严相济。

注释

监察机关应当在适用法律上一律平等，充分保障监察对象以及相关人员的人身权、知情权、财产权、申辩权、申诉权以及申请复审复核权等合法权益。

☞ **相关法条**

《监察法实施条例》第7条

★ **第六条 【监察工作方针】** 国家监察工作坚持标

本兼治、综合治理，强化监督问责，严厉惩治腐败；深化改革、健全法治，有效制约和监督权力；加强法治教育和道德教育，弘扬中华优秀传统文化，构建不敢腐、不能腐、不想腐的长效机制。

注释

监察机关应当坚定不移惩治腐败，推动深化改革、完善制度，规范权力运行，加强思想道德教育、法治教育、廉洁教育，引导公职人员提高觉悟、担当作为、依法履职，一体推进不敢腐、不能腐、不想腐体制机制建设。

☞ 相关法条

《监察法实施条例》第 4 条、第 5 条

▶▶小测试◀◀ *①

1. 各级监察委员会是行使国家监察职能的专责机关，依照《监察法》对所有公职人员进行监察，调查职务违法和职务犯罪，开展廉政建设和反腐败工作，维护宪法和法律的尊严。(　　)

---

* 本书小测试依次设置判断、选择、填空三种题型。

① 【答案】1. ×，解析：《监察法》第 3 条。2. ×，解析：《监察法》第 4 条第 2 款。3. ×，解析：《监察法》第 5 条。4. A。5. B。6. 标本兼治；道德教育；长效机制。

2. 监察机关办理职务违法和职务犯罪案件，应当与审判机关、检察机关、执法部门互相配合，互相监督。(　　)

3. 国家监察工作严格遵照宪法和法律，以证据为根据，以法律为准绳。(　　)

4. 坚持中国共产党对国家监察工作的领导，以马克思列宁主义、毛泽东思想、邓小平理论、“三个代表”重要思想、科学发展观、习近平新时代中国特色社会主义思想为指导，构建集中统一、权威高效的中国特色国家（　　）。

A. 监察体制　　B. 监督体制

C. 监管体制　　D. 制约体制

5. 监察机关在工作中需要协助的，有关机关和单位（　　）根据监察机关的要求依法予以协助。

A. 无需　　B. 应当

C. 可以　　D. 必须

6. 国家监察工作坚持____、综合治理，强化监督问责，严厉惩治腐败；深化改革、健全法治，有效制约和监督权力；加强法治教育和____，弘扬中华优秀传统文化，构建不敢腐、不能腐、不想腐的____。

第二章　监察机关及其职责

★ **第七条　【国家监委定位和地方各级监委机构设置】** 中华人民共和国国家监察委员会是最高监察机关。

省、自治区、直辖市、自治州、县、自治县、市、市辖区设立监察委员会。

注释

国家监察委员会在党中央领导下开展工作。地方各级监察委员会在同级党委和上级监察委员会双重领导下工作，监督执法调查工作以上级监察委员会领导为主，线索处置和案件查办在向同级党委报告的同时应当一并向上一级监察委员会报告。

☞ **相关法条**

《监察法实施条例》第10条第1款

第八条　【国家监委的产生、职责、组成人员以及和权力机关关系】 国家监察委员会由全国人民代表大会产生，负责全国监察工作。

国家监察委员会由主任、副主任若干人、委员若干人组成，主任由全国人民代表大会选举，副主任、委员由国家监察委员会主任提请全国人民代表大会常务委员会任免。

国家监察委员会主任每届任期同全国人民代表大会每届任期相同，连续任职不得超过两届。

国家监察委员会对全国人民代表大会及其常务委员会负责，并接受其监督。

第九条　【地方各级监委的产生、职责、组成人员以及和权力机关、上级监委关系】地方各级监察委员会由本级人民代表大会产生，负责本行政区域内的监察工作。

地方各级监察委员会由主任、副主任若干人、委员若干人组成，主任由本级人民代表大会选举，副主任、委员由监察委员会主任提请本级人民代表大会常务委员会任免。

地方各级监察委员会主任每届任期同本级人民代表大会每届任期相同。

地方各级监察委员会对本级人民代表大会及其常务委员会和上一级监察委员会负责，并接受其监督。

★★ 第十条　【监察机关上下级领导关系】国家监察委员会领导地方各级监察委员会的工作，上级监察委员会领导下级监察委员会的工作。

注释

上级监察委员会应当加强对下级监察委员会的领导。下级监察委员会对上级监察委员会的决定必须执行，认为决定不当的，应当在执行的同时向上级监察委员会反映。上级监察委员会对下级监察委员会作出的错误决定，应当按程序予以纠正，或者要求下级监察委员会予以纠正。

上级监察委员会可以依法统一调用所辖各级监察机关的监察人员办理监察事项。调用决定应当以书面形式作出。

监察机关办理监察事项应当加强互相协作和配合，对于重要、复杂事项可以提请上级监察机关予以协调。

☞ **相关法条**

《监察法实施条例》第 10 条、第 11 条

第十一条　【监委职责】 监察委员会依照本法和有关法律规定履行监督、调查、处置职责：

（一）对公职人员开展廉政教育，对其依法履职、秉公用权、廉洁从政从业以及道德操守情况进行监督检查；

（二）对涉嫌贪污贿赂、滥用职权、玩忽职守、权力寻租、利益输送、徇私舞弊以及浪费国家资财等职务违法和职务犯罪进行调查；

（三）对违法的公职人员依法作出政务处分决定；

对履行职责不力、失职失责的领导人员进行问责；对涉嫌职务犯罪的，将调查结果移送人民检察院依法审查、提起公诉；向监察对象所在单位提出监察建议。

注释

监察机关负责调查的职务违法是指公职人员实施的与其职务相关联，虽不构成犯罪但依法应当承担法律责任的下列违法行为：(1) 利用职权实施的违法行为；(2) 利用职务上的影响实施的违法行为；(3) 履行职责不力、失职失责的违法行为；(4) 其他违反与公职人员职务相关的特定义务的违法行为。

监察机关发现公职人员存在其他违法行为，具有下列情形之一的，可以依法进行调查、处置：(1) 超过行政违法追究时效，或者超过犯罪追诉时效、未追究刑事责任，但需要依法给予政务处分的；(2) 被追究行政法律责任，需要依法给予政务处分的；(3) 监察机关调查职务违法或者职务犯罪时，对被调查人实施的事实简单、清楚，需要依法给予政务处分的其他违法行为一并查核的。监察机关发现公职人员成为监察对象前有前述违法行为的，依照前述规定办理。

☞ 相关法条

《监察法实施条例》第 14~36 条

★ **第十二条　【派驻或者派出监察机构、监察专员的设置和领导关系】** 各级监察委员会可以向本级中国共产党机关、国家机关、法律法规授权或者委托管理公共事务的组织和单位以及所管辖的行政区域、国有企业等派驻或者派出监察机构、监察专员。

监察机构、监察专员对派驻或者派出它的监察委员会负责。

注释

省级和设区的市级监察委员会依法向地区、盟、开发区等不设置人民代表大会的区域派出监察机构或者监察专员。县级监察委员会和直辖市所辖区（县）监察委员会可以向街道、乡镇等区域派出监察机构或者监察专员。监察机构、监察专员开展监察工作，受派出机关领导。

☞ **相关法条**

《监察法实施条例》第12条

★ **第十三条　【派驻或者派出监察机构、监察专员职责】** 派驻或者派出的监察机构、监察专员根据授权，按照管理权限依法对公职人员进行监督，提出监察建议，依法对公职人员进行调查、处置。

注释

派驻或者派出的监察机构、监察专员根据派出机关授权，按照管理权限依法对派驻或者派出监督单位、区域等的公职人员开展监督，对职务违法和职务犯罪进行调查、处置。监察机构、监察专员可以按规定与地方监察委员会联合调查严重职务违法、职务犯罪，或者移交地方监察委员会调查。未被授予职务犯罪调查权的监察机构、监察专员发现监察对象涉嫌职务犯罪线索的，应当及时向派出机关报告，由派出机关调查或者依法移交有关地方监察委员会调查。

☞ **相关法条**

《监察法实施条例》第13条

★★ **第十四条　【实行监察官制度】** 国家实行监察官制度，依法确定监察官的等级设置、任免、考评和晋升等制度。

注释

监察官包括下列人员：(1) 各级监察委员会的主任、副主任、委员；(2) 各级监察委员会机关中的监察人员；(3) 各级监察委员会派驻或者派出到中国共产党机关、国家机关、法律法规授权或者委托管理公共事务的组织和单位以及所管辖的行政区域等的监察机构中的监察人员、监察专员；（4）其他依法行使监察权的监察机构中的监察人员。对各级监察委员会派驻到国有企业的监察机构工作人员、监察专员，以及国有企业中其他依法行使监察权的监察机构工作人员的监督管理，参照执行《监察官法》有关规定。

监察官依法履行下列职责：（1）对公职人员开展廉政教育；（2）对公职人员依法履职、秉公用权、廉洁从政从业以及道德操守情况进行监督检查；（3）对法律规定由监察机关管辖的职务违法和职务犯罪进行调查；（4）根据监督、调查的结果，对办理的监察事项提出处置意见；（5）开展反腐败国际合作方面的工作；（6）法律规定的其他职责。监察官在职权范围内对所办理的监察事项负责。

担任监察官应当具备下列条件：（1）具有中华人民共和国国籍；（2）忠于宪法，坚持中国共产党领导和社会主义制度；（3）具有良好的政治素质、道德品行和廉洁作风；（4）熟悉法律、法规、政策，具有履行监督、调查、处置等职责的专业知识和能力；（5）具有正常履行职责的身体条件和心理素质；（6）具备高等学校本科及以上学历；（7）法律规定的其他条件。

有下列情形之一的，不得担任监察官：（1）因犯罪受过刑事处罚，以及因犯罪情节轻微被人民检察院依法作出不起诉决定或者被人民法院依法免予刑事处罚的；(2) 被撤销中国共产党党内职务、留党察看、开除党籍的；(3) 被撤职或者开除公职的；(4) 被依法列为失信联合惩戒对象的；(5) 配偶已移居国（境）外，或者没有配偶但是子女均已移居国（境）外的；(6) 法律规定的其他情形。

监察官不得兼任人民代表大会常务委员会的组成人员，不得兼任行政机关、审判机关、检察机关的职务，不得兼任企业或者其他营利性组织、事业单位的职务，不得兼任人民陪审员、人民监督员、执业律师、仲裁员和公证员。监察官因工作需要兼职的，应当按照管理权限批准，但是不得领取兼职报酬。

☞ 相关法条

《监察官法》第 3 条、第 9 条、第 12 条、第 13 条、第 22 条

▶▶小测试◀◀①

1. 中华人民共和国国家监察委员会是最高监察机关。(　　)

① 【答案】1. √。2. √。3. ×，解析：《监察法》第 8 条第 3 款。4. A。5. ABC。6. ABCD。7. 管理公共事务的组织和单位；国有企业。8. 等级设置；任免；考评；晋升。9. 领导；领导。

2. 国家监察委员会由全国人民代表大会产生，负责全国监察工作。（　　）

3. 国家监察委员会主任每届任期同全国人民代表大会每届任期相同，连续任职不得超过3届。（　　）

4. 地方各级监察委员会由主任、副主任若干人、委员若干人组成，主任由（　　）人民代表大会选举，副主任、委员由监察委员会主任提请本级人民代表大会常务委员会任免。

A. 本级　　B. 上级

C. 全国　　D. 下级

5. 地方各级监察委员会对（　　）负责，并接受其监督。

A. 本级人民代表大会

B. 本级人民代表大会的常务委员会

C. 上一级监察委员会

D. 国家监察委员会

6. 监察委员会依法履行下列哪些监督、调查、处置职责？（　　）

A. 对公职人员开展廉政教育，对其依法履职、秉公用权、廉洁从政从业以及道德操守情况进行监督检查

B. 对涉嫌贪污贿赂、滥用职权、玩忽职守、权力寻租、利益输送、徇私舞弊以及浪费国家资财等职务违法和职务犯罪进行调查

C. 对违法的公职人员依法作出政务处分决定

D. 对履行职责不力、失职失责的领导人员进行问责

7. 各级监察委员会可以向本级中国共产党机关、国家机关、法律法规授权或者委托____以及所管辖的行政区域、____等派驻或者派出监察机构、监察专员。监察机构、监察专员对派驻或者派出它的监察委员会负责。

8. 国家实行监察官制度，依法确定监察官的____、____、____和____等制度。

9. 国家监察委员会____地方各级监察委员会的工作，上级监察委员会____下级监察委员会的工作。

第三章　监察范围和管辖

☆☆ **第十五条　【监察对象】** 监察机关对下列公职人员和有关人员进行监察：

（一）中国共产党机关、人民代表大会及其常务委员会机关、人民政府、监察委员会、人民法院、人民检察院、中国人民政治协商会议各级委员会机关、民主党派机关和工商业联合会机关的公务员，以及参照《中华人民共和国公务员法》管理的人员；

（二）法律、法规授权或者受国家机关依法委托管理公共事务的组织中从事公务的人员；

（三）国有企业管理人员；

（四）公办的教育、科研、文化、医疗卫生、体育等单位中从事管理的人员；

（五）基层群众性自治组织中从事管理的人员；

（六）其他依法履行公职的人员。

注释

本条第1项所称的"公务员"，依据《公务员法》是指依法履行公职、纳入国家行政编制、由国家财政负担工资福利的工作人员；"参照《中华人民共和国公务员法》管理的人员”，是指有关单位中经批准参照《公务员法》进行管理的工作人员。

本条第 2 项所称“法律、法规授权或者受国家机关依法委托管理公共事务的组织中从事公务的人员”，是指在上述组织中，除参照《公务员法》管理的人员外，对公共事务履行组织、领导、管理、监督等职责的人员，包括具有公共事务管理职能的行业协会等组织中从事公务的人员，以及法定检验检测、检疫等机构中从事公务的人员。

本条第 3 项所称“国有企业管理人员”，是指国家出资企业中的下列人员：(1) 在国有独资、全资公司、企业中履行组织、领导、管理、监督等职责的人员；(2) 经党组织或者国家机关，国有独资、全资公司、企业，事业单位提名、推荐、任命、批准等，在国有控股、参股公司及其分支机构中履行组织、领导、管理、监督等职责的人员；(3) 经国家出资企业中负有管理、监督国有资产职责的组织批准或者研究决定，代表其在国有控股、参股公司及其分支机构中从事组织、领导、管理、监督等工作的人员。

本条第 4 项所称“公办的教育、科研、文化、医疗卫生、体育等单位中从事管理的人员”，是指国家为了社会公益目的，由国家机关举办或者其他组织利用国有资产举办的教育、科研、文化、医疗卫生、体育等事业单位中，从事组织、领导、管理、监督等工作的人员。

本条第5项所称“基层群众性自治组织中从事管理的人员”，是指该组织中的下列人员：(1) 从事集体事务和公益事业管理的人员；(2) 从事集体资金、资产、资源管理的人员；(3) 协助人民政府从事行政管理工作的人员，包括从事救灾、防疫、抢险、防汛、优抚、帮扶、移民、救济款物的管理，社会捐助公益事业款物的管理，国有土地的经营和管理，土地征收、征用补偿费用的管理，代征、代缴税款，有关计划生育、户籍、征兵工作，协助人民政府等国家机关在基层群众性自治组织中从事的其他管理工作。

本条第6项所称“其他依法履行公职的人员”包括：(1) 履行人民代表大会职责的各级人民代表大会代表，履行公职的中国人民政治协商会议各级委员会委员、人民陪审员、人民监督员；(2) 虽未列入党政机关人员编制，但在党政机关中从事公务的人员；(3) 在集体经济组织等单位、组织中，由党组织或者国家机关，国有独资、全资公司、企业，国家出资企业中负有管理监督国有和集体资产职责的组织，事业单位提名、推荐、任命、批准等，从事组织、领导、管理、监督等工作的人员；(4) 在依法组建的评标、谈判、询价等组织中代表国家机关，国有独资、全资公司、企业，事业单位，人民团体临时履行公共事务组织、领导、管理、监督等职责的人员；(5) 其他依法行使公权力的人员。

☞ **相关法条**

《公务员法》第2条

《监察法实施条例》第37~44条

★★ **第十六条　【管辖原则】**各级监察机关按照管理权限管辖本辖区内本法第十五条规定的人员所涉监察事项。

上级监察机关可以办理下一级监察机关管辖范围内的监察事项，必要时也可以办理所辖各级监察机关管辖范围内的监察事项。

监察机关之间对监察事项的管辖有争议的，由其共同的上级监察机关确定。

注释

监察机关开展监督、调查、处置，按照管理权限与属地管辖相结合的原则，实行分级负责制。

设区的市级以上监察委员会按照管理权限，依法管辖同级党委管理的公职人员涉嫌职务违法和职务犯罪案件。县级监察委员会和直辖市所辖区（县）监察委员会按照管理权限，依法管辖本辖区内公职人员涉嫌职务违法和职务犯罪案件。地方各级监察委员会可以依法管辖工作单位在本辖区内的有关公职人员涉嫌职务违法和职务犯罪案件。监察机关调查公职人员涉嫌职务犯罪案件，可以依法对涉嫌行贿犯罪、介绍贿赂犯罪或者共同职务犯罪的涉案人员中的非公职人员一并管辖。非公职人员涉嫌利用影响力受贿罪的，按照其所利用的公职人员的管理权限确定管辖。

☞ **相关法条**

《监察法实施条例》第 45~47 条、第 49 条、第 52 条、第 53 条

★ **第十七条　【指定管辖和报请提级管辖原则】** 上级监察机关可以将其所管辖的监察事项指定下级监察机关管辖，也可以将下级监察机关有管辖权的监察事项指定给其他监察机关管辖。

监察机关认为所管辖的监察事项重大、复杂，需要由上级监察机关管辖的，可以报请上级监察机关管辖。

注释

上级监察机关对于下级监察机关管辖的职务违法和职务犯罪案件，具有下列情形之一，认为由其他下级监察机关管辖更为适宜的，可以依法指定给其他下级监察机关管辖：(1) 管辖有争议的；(2) 指定管辖有利于案件公正处理的；(3) 下级监察机关报请指定管辖的；(4) 其他有必要指定管辖的。被指定的下级监察机关未经指定管辖的监

察机关批准，不得将案件再行指定管辖。发现新的职务违法或者职务犯罪线索，以及其他重要情况、重大问题，应当及时向指定管辖的监察机关请示报告。

上级监察机关对于下一级监察机关管辖范围内的职务违法和职务犯罪案件，具有下列情形之一的，可以依法提级管辖：(1) 在本辖区有重大影响的；(2) 涉及多个下级监察机关管辖的监察对象，调查难度大的；(3) 其他需要提级管辖的重大、复杂案件。地方各级监察机关所管辖的职务违法和职务犯罪案件，具有上述三种情形的，可以依法报请上一级监察机关管辖。上级监察机关对于所辖各级监察机关管辖范围内有重大影响的案件，必要时可以依法直接调查或者组织、指挥、参与调查。

☞ 相关法条

《监察法实施条例》第 47 条、第 48 条

▶▶小测试◀◀[①]

1. 监察机关之间对监察事项的管辖有争议的，由其共同的上级监察机关确定。(　　)

① 【答案】1. √。2. ABCD。3. 下一级；所辖各级。4. 重大；复杂。

2. 监察机关对下列哪些公职人员和有关人员进行监察？（　　）

A. 国有企业管理人员

B. 公办的教育、科研、文化、医疗卫生、体育等单位中从事管理的人员

C. 基层群众性自治组织中从事管理的人员

D. 法律、法规授权或者受国家机关依法委托管理公共事务的组织中从事公务的人员

3. 上级监察机关可以办理____监察机关管辖范围内的监察事项，必要时也可以办理____监察机关管辖范围内的监察事项。

4. 监察机关认为所管辖的监察事项____、____，需要由上级监察机关管辖的，可以报请上级监察机关管辖。

第四章　监察权限

★ **第十八条　【收集证据一般原则】**监察机关行使监督、调查职权，有权依法向有关单位和个人了解情况，收集、调取证据。有关单位和个人应当如实提供。

监察机关及其工作人员对监督、调查过程中知悉的国家秘密、商业秘密、个人隐私，应当保密。

任何单位和个人不得伪造、隐匿或者毁灭证据。

注释

可以用于证明案件事实的材料都是证据，包括：(1) 物证；(2) 书证；(3) 证人证言；(4) 被害人陈述；(5) 被调查人陈述、供述和辩解；(6) 鉴定意见；(7) 勘验检查、辨认、调查实验等笔录；(8) 视听资料、电子数据。

监察机关向有关单位和个人收集、调取证据时，应当告知其必须依法如实提供证据。对于不按要求提供有关材料，泄露相关信息，伪造、隐匿、毁灭证据，提供虚假情况或者阻止他人提供证据的，依法追究法律责任。

监察机关依照《监察法》和《监察法实施条例》规定收集的证据材料，经审查符合法定要求的，在刑事诉讼中可以作为证据使用。

典型案例

纪检监察机关可依法收集调取证据①

某县纪委监委接到人民群众举报，反映某小学存在乱培训问题。该县纪委监委迅速成立工作组，根据线索到现场进行了走访调查，发现确实存在上述问题。

经查，该校主管教学的副校长W某擅自组织一名语文老师和一名数学老师，在学校附近小区租房，以学校的名义在社会上和互联网平台发布广告，利用上班时间收费补课，2个月来共获利20万元，其中W某个人获利10万元，两名任课老师分别获利5万元。此外，该培训地点设于地下室，还存在一定安全隐患。

监委工作人员到学校办公室调取相关人员的人事档案、签到表和课程安排，校办借调人员Z某一开始不愿提供，称相关资料“找不到了”，相关资料属于“教学秘密”，不经上级领导批准不能对外提供，经批评教育后配合提供。与此同时，县纪委监委依法分别对W某和两名任课老师进行了调查谈话，核实了相关情况及问题。

调查后，县纪委监委依法将调查认定的相关事实材料交给W某和两名任课老师进行了签字确认。后该县纪委监

① 参见《〈中华人民共和国监察法〉案例解读》编写组编写：《〈中华人民共和国监察法〉案例解读》，中国方正出版社2018年版，第153页。

委依法履行相关程序，对 W 某依纪依规进行了严肃处理，同时建议该学校对两名任课老师进行处理，并责令 W 某及时对该校的相关教育乱收费、乱培训问题进行整改。

解读：《监察法》第 18 条第 1 款规定了监察机关收集证据的权力以及有关单位和个人配合取证的义务。监察机关既然代表党和人民对行使公权力的公职人员进行监督，宪法和法律就要依法授予监察机关相应权力，如果没有授权，监察机关的监督就会软弱无力、流于形式。这种授权是来自宪法和法律，更是来自党和人民的信任，是充分授权、高度授权，既授予了监察机关自身权力，又授予了监察机关依法提请其他国家机关予以协助的权力，这样做的目的就是要让监督长牙、让利剑生威。监察机关依法向有关单位和个人了解情况，收集、调取证据，是查明事实、惩治腐败、保障被调查人合法权益的需要。这里的“证据”包括但不限于与刑事诉讼相关的证据，既包括监督所需的证据，也包括调查所需的证据；既包括证明职务违法行为的证据，也包括证明职务犯罪行为的证据。以事实为依据，以法律为准绳，是监委开展工作的基本原则。监督的本质是对工作、过程、环节进行监视、督促、管理，目的是发现问题、纠正偏差，防患于未然，更好地使干部正常成长，更好地使组织目标得以实现。本案例中，

W 某身为学校副校长，属于行使公权力的公职人员，其违规组织乱培训、获取不法收益的行为，属于违纪违法行为。监委对其进行调查和严肃处理，体现了深化国家监察体制改革的要求，体现了对所有行使公权力的公职人员监察全覆盖，也体现了监察机关依法行使监督、调查职权，依法收集、调取证据的要求。监察机关查办案件和调取证据过程中，对涉及监察对象范围以外的人员按照管辖权限提出监察建议，本案中两名任课老师不属于监察对象，但其参与了 W 某的违法行为，所以监察机关依法向其所在单位提出了对其进行相应处理的监察建议。

《监察法》中的监察权限和监察程序等章节，明确规定了监察机关了解情况以及收集调取证据的相应权限和具体程序。监察机关在行使监督、调查职权过程中，应当注意方式方法，充分运用法治思维和法治方式开展工作，严格依法向有关单位和个人了解情况，收集、调取证据。向被调查人所在单位和有关部门收集书证时，与案件事实有关的工作记录也应注意收集。本案例中，监察人员为确认 W 某等人的身份和上班时间补课的事实，到学校调取人事档案、签到表和课程安排，也是出于这方面考虑，这是对本人、对组织、对事实负责的表现。面对纪委监委的调查取证，有关单位和个人应当如实提供相关证据材料，包括相关财物、文件、电子信息以及其他能够真实反映与监察事项相关的内容、情节、线索等，不得伪造、更改、虚构。学校办公室借调人员Z某无故拒绝配合，违反了《监察法》的规定，经批评教育后纠正，否则应追究其相应的法律责任。

☞ **相关法条**

《监察法实施条例》第59条、第68条、第69条

第十九条　【对可能发生职务违法的监察对象进行处理】对可能发生职务违法的监察对象，监察机关按照管理权限，可以直接或者委托有关机关、人员进行谈话或者要求说明情况。

☞ **相关法条**

《监察法实施条例》第70条

★★ **第二十条　【要求被调查人陈述和讯问被调查人的权限】**在调查过程中，对涉嫌职务违法的被调查人，监察机关可以要求其就涉嫌违法行为作出陈述，必要时向被调查人出具书面通知。

对涉嫌贪污贿赂、失职渎职等职务犯罪的被调查人，监察机关可以进行讯问，要求其如实供述涉嫌犯罪的情况。

纪检监察机关可依法要求有关人员作出陈述①

A 市纪委监委收到群众举报反映市某股份有限公司副总经理 B 某违规发放和领取津补贴问题线索后，先后 4 次针对群众反映的问题要求 B 某作出陈述，B 某均予以拒绝，声称工作太忙、记不清楚。市纪委监委对其出具书面通知，要求其立即到市纪委监委作出陈述，否则承担一切法律责任。B 某收到书面通知后，立即主动向市纪委监委作出陈述，承认和交代了上述问题，并退还违规领取的津补贴费用共计 5 万元，写了检讨书，表示愿意接受组织处理。市纪委监委给予 B 某党内严重警告和政务记大过处分，并将 B 某的问题在全市范围内进行通报。

解读：监察机关代表国家对公职人员进行监督，体现的是党和人民的意志，具有神圣性、严肃性和权威性。监察机关要求被调查人作出陈述，也是给予其说明的机会。任何组织和个人都要珍惜机会、认真对待。该款规定的措施针对的是发生职务违法行为，但尚不构成职务犯罪的公职人员。本案中 B 某违规发放和领取津补贴问题，属于职务违法而非职务犯罪，必须把握好罪与非罪的界限，要求

---

① 参见《〈中华人民共和国监察法〉案例解读》编写组编写：《〈中华人民共和国监察法〉案例解读》，中国方正出版社 2018 年版，第 180 页。

其作出陈述，而不能直接进行讯问。

为了保障这项措施的实施，防止有的被调查人不配合，本款还规定监察机关对被要求陈述的被调查人，在必要时可以出具书面通知。这里的“书面通知”是具有法律效力的文书，主要是针对被调查人不按照监察机关口头要求进行陈述时，由监察机关对其出具书面通知，要求其作出陈述。如果被调查人此时再不按照要求作出陈述，则应当追究其法律责任。本案中B某先是拒绝向监察机关作出陈述，属于对抗组织调查的错误行为。市纪委监委出具的书面通知，既是通知提醒，也带有警告性质。B某及时纠正错误，主动向监察机关作出陈述，避免了更严重的后果。

需要注意的是，要求被调查人就涉嫌的职务违法行为作出陈述，只能由监察机关工作人员来行使，不能委托给其他机关、个人行使。

☞ 相关法条

《监察法实施条例》第74~84条

★ **第二十一条　【询问】**在调查过程中，监察机关可以询问证人等人员。

注释

询问应当个别进行。负责询问的调查人员不得少于2人。

首次询问时，应当向证人出示《证人权利义务告知书》，由其签名、捺指印。证人拒绝签名、捺指印的，调查人员应当在文书上记明。证人未被限制人身自由的，应当在首次询问时向其出具《询问通知书》。

询问时，应当核实证人身份，问明证人的基本情况，告知证人应当如实提供证据、证言，以及作伪证或者隐匿证据应当承担的法律责任。不得向证人泄露案情，不得采用非法方法获取证言。

询问重大或者有社会影响案件的重要证人，应当对询问过程全程同步录音录像，并告知证人。告知情况应当在录音录像中予以反映，并在笔录中记明。

☞ 相关法条

《监察法实施条例》第85~91条

☆☆ 第二十二条 【留置】 被调查人涉嫌贪污贿赂、失职渎职等严重职务违法或者职务犯罪，监察机关已经掌握其部分违法犯罪事实及证据，仍有重要问题需要进一步调查，并有下列情形之一的，经监察机关依法审批，可以将其留置在特定场所：

（一）涉及案情重大、复杂的；

（二）可能逃跑、自杀的；

（三）可能串供或者伪造、隐匿、毁灭证据的；

（四）可能有其他妨碍调查行为的。

对涉嫌行贿犯罪或者共同职务犯罪的涉案人员，监察机关可以依照前款规定采取留置措施。

留置场所的设置、管理和监督依照国家有关规定执行。

注释

本条第1款规定的“严重职务违法”，是指根据监察机关已经掌握的事实及证据，被调查人涉嫌的职务违法行为情节严重，可能被给予撤职以上政务处分；“重要问题”，是指对被调查人涉嫌的职务违法或者职务犯罪，在定性处置、定罪量刑等方面有重要影响的事实、情节及证据。“已经掌握其部分违法犯罪事实及证据”，是指同时具备下列情形：(1) 有证据证明发生了违法犯罪事实；(2) 有证据证明该违法犯罪事实是被调查人实施；(3) 证明被调查人实施违法犯罪行为的证据已经查证属实。部分违法犯罪事实，既可以是单一违法犯罪行为的事实，也可以是数个违法犯罪行为中任何一个违法犯罪行为的事实。

本条第1款第2项所规定的“可能逃跑、自杀”包括以下四种情形：（1）着手准备自杀、自残或者逃跑的；（2）曾经有自杀、自残或者逃跑行为的；（3）有自杀、自残或者逃跑意图的；（4）其他可能逃跑、自杀的情形。

本条第1款第3项所规定的“可能串供或者伪造、隐匿、毁灭证据”包括以下四种情形：（1）曾经或者企图串供，伪造、隐匿、毁灭、转移证据的；（2）曾经或者企图威逼、恐吓、利诱、收买证人，干扰证人作证的；（3）有同案人或者与被调查人存在密切关联违法犯罪的涉案人员在逃，重要证据尚未收集完成的；（4）其他可能串供或者伪造、隐匿、毁灭证据的情形。

本条第1款第4项所规定的“可能有其他妨碍调查行为”主要是指以下几种情形：（1）可能继续实施违法犯罪行为的；（2）有危害国家安全、公共安全等现实危险的；（3）可能对举报人、控告人、被害人、证人、鉴定人等相关人员实施打击报复的；（4）无正当理由拒不到案，严重影响调查的；（5）其他可能妨碍调查的行为。

对下列人员不得采取留置措施：（1）患有严重疾病、生活不能自理的；（2）怀孕或者正在哺乳自己婴儿的妇女；（3）系生活不能自理的人的唯一扶养人。上述情形消除后，根据调查需要可以对相关人员采取留置措施。

留置场所应当建立健全保密、消防、医疗、餐饮及安保等安全工作责任制，制定紧急突发事件处置预案，采取安全防范措施。留置期间发生被留置人员死亡、伤残、脱逃等办案安全事故、事件的，应当及时做好处置工作。相关情况应当立即报告监察机关主要负责人，并在24小时以内逐级上报至国家监察委员会。

☞ **相关法条**

《监察法实施条例》第92~96条、第103条

★★ **第二十三条　【查询、冻结】** 监察机关调查涉嫌贪污贿赂、失职渎职等严重职务违法或者职务犯罪，根据工作需要，可以依照规定查询、冻结涉案单位和个人的存款、汇款、债券、股票、基金份额等财产。有关单位和个人应当配合。

冻结的财产经查明与案件无关的，应当在查明后三日内解除冻结，予以退还。

注 释

查询、冻结财产时，调查人员不得少于2人。调查人员应当出具《协助查询财产通知书》或者《协助冻结财产通知书》，送交银行或者其他金融机构、邮政部门等单位执行。有关单位和个人应当予以配合，并严格保密。

冻结财产的期限不得超过6个月。冻结期限到期未办理续冻手续的，冻结自动解除。

有特殊原因需要延长冻结期限的，应当在到期前按原程序报批，办理续冻手续。每次续冻期限不得超过6个月。

已被冻结的财产可以轮候冻结，不得重复冻结。轮候冻结的，监察机关应当要求有关银行或者其他金融机构等单位在解除冻结或者作出处理前予以通知。

对于冻结的财产，应当及时核查。经查明与案件无关的，经审批，应当在查明后3日以内将《解除冻结财产通知书》送交有关单位执行。解除情况应当告知被冻结财产的权利人或者其法定代理人、委托代理人。

☞ **相关法条**

《监察法实施条例》第104~111条

★★ **第二十四条 【搜查】** 监察机关可以对涉嫌职务犯罪的被调查人以及可能隐藏被调查人或者犯罪证据的人的身体、物品、住处和其他有关地方进行搜查。在搜查时，应当出示搜查证，并有被搜查人或者其家属等见证人在场。

搜查女性身体，应当由女性工作人员进行。

监察机关进行搜查时，可以根据工作需要提请公安机关配合。公安机关应当依法予以协助。

注释

搜查应当在调查人员主持下进行，调查人员不得少于2人。

搜查时，应当有被搜查人或者其家属、其所在单位工作人员或者其他见证人在场。监察人员不得作为见证人。调查人员应当向被搜查人或者其家属、见证人出示《搜查证》，要求其签名。被搜查人或者其家属不在场，或者拒绝签名的，调查人员应当在文书上记明。

搜查时，应当要求在场人员予以配合，不得进行阻碍。对以暴力、威胁等方法阻碍搜查的，应当依法制止。对阻碍搜查构成违法犯罪的，依法追究法律责任。

搜查时，应当避免未成年人或者其他不适宜在搜查现场的人在场。

☞ **相关法条**

《监察法实施条例》第112~117条

★★ **第二十五条 【调取、查封、扣押】** 监察机关在调查过程中，可以调取、查封、扣押用以证明被调查人涉嫌违法犯罪的财物、文件和电子数据等信息。采取调取、查封、扣押措施，应当收集原物原件，会同持有人或者保管人、见证人，当面逐一拍照、登记、编号，开列清单，由在场人员当场核对、签名，并将清单副本交财物、文件的持有人或者保管人。

对调取、查封、扣押的财物、文件，监察机关应当设立专用账户、专门场所，确定专门人员妥善保管，严格履行交接、调取手续，定期对账核实，不得毁损或者用于其他目的。对价值不明物品应当及时鉴定，专门封存保管。

查封、扣押的财物、文件经查明与案件无关的，应当在查明后三日内解除查封、扣押，予以退还。

注释

调取物证应当调取原物。原物不便搬运、保存，或者依法应当返还，或者因保密工作需要不能调取原物的，可以将原物封存，并拍照、录像。对原物拍照或者录像时，应当足以反映原物的外形、内容。调取书证、视听资料应当调取原件。取得原件确有困难或者因保密工作需要不能调取原件的，可以调取副本或者复制件。调取的物证、书证、视听资料等原件，经查明与案件无关的，经审批，应当在查明后3日以内退还，并办理交接手续。

查封、扣押时，应当出具《查封/扣押通知书》，调查人员不得少于2人。持有人拒绝交出应当查封、扣押的财物和文件的，可以依法强制查封、扣押。查封、扣押财物，应当为被调查人及其所扶养的亲属保留必需的生活费用和物品。

☞ 相关法条

《监察法实施条例》第 67 条、第 119~135 条

★★ **第二十六条　【勘验检查】** 监察机关在调查过程中，可以直接或者指派、聘请具有专门知识、资格的人员在调查人员主持下进行勘验检查。勘验检查情况应当制作笔录，由参加勘验检查的人员和见证人签名或者盖章。

注释

勘验检查应当由 2 名以上调查人员主持，邀请与案件无关的见证人在场。勘验检查情况应当制作笔录，并由参加勘验检查人员和见证人签名。

勘验检查现场、拆封电子数据存储介质应当全程同步录音录像。对现场情况应当拍摄现场照片、制作现场图，并由勘验检查人员签名。

☞ 相关法条

《监察法实施条例》第 136~144 条

★★ 第二十七条　【指派、聘请有专门知识的人鉴定】 监察机关在调查过程中，对于案件中的专门性问题，可以指派、聘请有专门知识的人进行鉴定。鉴定人进行鉴定后，应当出具鉴定意见，并且签名。

注释

监察机关可以依法开展下列鉴定：(1) 对笔迹、印刷文件、污损文件、制成时间不明的文件和以其他形式表现的文件等进行鉴定；(2) 对案件中涉及的财务会计资料及相关财物进行会计鉴定；(3) 对被调查人、证人的行为能力进行精神病鉴定；(4) 对人体造成的损害或者死因进行人身伤亡医学鉴定；(5) 对录音录像资料进行鉴定；(6) 对因电子信息技术应用而出现的材料及其派生物进行电子证据鉴定；(7) 其他可以依法进行的专业鉴定。

具有下列情形之一的，应当补充鉴定：(1) 鉴定内容有明显遗漏的；(2) 发现新的有鉴定意义的证物的；(3) 对鉴定证物有新的鉴定要求的；(4) 鉴定意见不完整，委托事项无法确定的；(5) 其他需要补充鉴定的情形。

☞ 相关法条

《监察法实施条例》第 145～152 条

★★ 第二十八条　【技术调查措施】 监察机关调查涉嫌重大贪污贿赂等职务犯罪，根据需要，经过严格的批准手续，可以采取技术调查措施，按照规定交有关机关执行。

批准决定应当明确采取技术调查措施的种类和适用对象，自签发之日起三个月以内有效；对于复杂、疑难案件，期限届满仍有必要继续采取技术调查措施的，经过批准，有效期可以延长，每次不得超过三个月。对于不需要继续采取技术调查措施的，应当及时解除。

注释

“重大贪污贿赂等职务犯罪”，是指具有下列情形之一：（1）案情重大复杂，涉及国家利益或者重大公共利益的；（2）被调查人可能被判处10年以上有期徒刑、无期徒刑或者死刑的；（3）案件在全国或者本省、自治区、直辖市范围内有较大影响的。

☞ **相关法条**

《监察法实施条例》第153~155条

★ **第二十九条　【通缉】**依法应当留置的被调查人如果在逃，监察机关可以决定在本行政区域内通缉，由公安机关发布通缉令，追捕归案。通缉范围超出本行政区域的，应当报请有权决定的上级监察机关决定。

注释

监察机关接到公安机关抓获被通缉人员的通知后，应当立即核实被抓获人员身份，并在接到通知后24小时以内派员办理交接手续。边远或者交通不便地区，至迟不得超过3日。公安机关在移交前，将被抓获人员送往当地监察机关留置场所临时看管的，当地监察机关应当接收，并保障临时看管期间的安全，对工作信息严格保密。

☞ **相关法条**

《监察法实施条例》第158~161条

★ **第三十条 【限制出境】** 监察机关为防止被调查人及相关人员逃匿境外，经省级以上监察机关批准，可以对被调查人及相关人员采取限制出境措施，由公安机关依法执行。对于不需要继续采取限制出境措施的，应当及时解除。

注释

限制出境措施有效期不超过3个月，到期自动解除。到期后仍有必要继续采取措施的，应当按原程序报批。承办部门应当出具有关函件，在到期前与《延长限制出境措施期限决定书》一并送交移民管理机构执行。延长期限每次不得超过3个月。

☞ 相关法条

《监察法实施条例》第162~167条

☆ 第三十一条 【认罪认罚从宽处罚的情形】 涉嫌职务犯罪的被调查人主动认罪认罚，有下列情形之一的，监察机关经领导人员集体研究，并报上一级监察机关批准，可以在移送人民检察院时提出从宽处罚的建议：

（一）自动投案，真诚悔罪悔过的；

（二）积极配合调查工作，如实供述监察机关还未掌握的违法犯罪行为的；

（三）积极退赃，减少损失的；

（四）具有重大立功表现或者案件涉及国家重大利益等情形的。

注释

涉嫌职务犯罪的被调查人有下列情形之一，如实交代自己主要犯罪事实的，可以认定为本条第1项规定的“自动投案，真诚悔罪悔过”：(1) 职务犯罪问题未被监察机关掌握，向监察机关投案的；(2) 在监察机关谈话、函询过程中，如实交代监察机关未掌握的涉嫌职务犯罪问题的；(3) 在初步核实阶段，尚未受到监察机关谈话时投案的；(4) 职务犯罪问题虽被监察机关立案，但尚未受到讯问或者采取留置措施，向监察机关投案的；（5）因伤病等客观原因无法前往投案，先委托他人代为表达投案意愿，或者以书信、网络、电话、传真等方式表达投案意愿，后到监察机关接受处理的；（6）涉嫌职务犯罪潜逃后又投案，包括在被通缉、抓捕过程中投案的；（7）经查实确已准备去投案，或者正在投案途中被有关机关抓获的；（8）经他人规劝或者在他人陪同下投案的；（9）虽未向监察机关投案，但向其所在党组织、单位或者有关负责人员投案，向有关巡视巡察机构投案，以及向公安机关、人民检察院、人民法院投案的；（10）具有其他应当视为自动投案的情形的。被调查人自动投案后不能如实交代自己的主要犯罪事实，或者自动投案并如实供述自己的罪行后又翻供的，不能适用上述规定。

涉嫌职务犯罪的被调查人有下列情形之一的，可以认定为本条第 2 项规定的"积极配合调查工作，如实供述监察机关还未掌握的违法犯罪行为"：（1）监察机关所掌握线索针对的犯罪事实不成立，在此范围外被调查人主动交代其他罪行的；（2）主动交代监察机关尚未掌握的犯罪事实，与监察机关已掌握的犯罪事实属不同种罪行的；（3）主动交代监察机关尚未掌握的犯罪事实，与监察机关已掌握的犯罪事实属同种罪行的；（4）监察机关掌握的证据不充分，被调查人如实交代有助于收集定案证据的。同种罪行和不同种罪行，一般以罪名区分。被调查人如实供述其他罪行的罪名与监察机关已掌握犯罪的罪名不同，但属选择性罪名或者在法律、事实上密切关联的，应当认定为同种罪行。

涉嫌职务犯罪的被调查人有下列情形之一的，可以认定为本条第 3 项规定的“积极退赃，减少损失”：（1）全额退赃的；（2）退赃能力不足，但被调查人及其亲友在监察机关追缴赃款赃物过程中积极配合，且大部分已追缴到位的；（3）犯罪后主动采取措施避免损失发生，或者积极采取有效措施减少、挽回大部分损失的。

涉嫌职务犯罪的被调查人有下列情形之一的，可以认定为本条第 4 项规定的“具有重大立功表现”：（1）检举揭发他人重大犯罪行为且经查证属实的；（2）提供其他重大案件的重要线索且经查证属实的；（3）阻止他人重大犯罪活动的；（4）协助抓捕其他重大职务犯罪案件被调查人、重大犯罪嫌疑人（包括同案犯）的；（5）为国家挽回重大损失等对国家和社会有其他重大贡献的。

本条第 4 项规定的“案件涉及国家重大利益”，是指案件涉及国家主权和领土完整、国家安全、外交、社会稳定、经济发展等情形。

准确把握“自动投案”的适用条件①

L 某系 D 县县委常委、常务副县长。2017 年 6 月，C 市纪委监委接到群众举报，称 L 某利用职务便利，在 D 县水利工程项目建设招投标中违规操作，帮助 A 公司中标。事后，L 某收受 A 公司人民币 2 万元。C 市纪委监委经初步核实了解，认为 L 某有受贿重大嫌疑。在 C 市纪委监委立案前，L 某听到了风声，主动找到县委书记 Z 某，并向 Z 某如实说明了自己收受贿赂并为 A 公司谋取利益的事实。后 Z 某将相关情况及时向 C 市纪委监委作了报告。C 市纪委监委对 L 某采取了留置措施。在调查过程中，L 某对接受 A 公司 2 万元人民币的事实予以承认。但纪委监委工作人员调查中又掌握了 L 某收受 B 公司贿赂 20 万元的事实并取得了相关证据，L 某对此始终矢口否认。C 市纪委监委在将 L 某涉嫌受贿犯罪案件移送检察机关时，没有提出从宽处罚建议。

解读：根据《监察法》第 31 条规定，对具备一般自首情节的被调查人，纪检监察机关经过审批可以向检察机关提出从宽处罚建议。一般自首是指被调查人犯罪后自动

① 参见《〈中华人民共和国监察法〉案例解读》编写组编写：《〈中华人民共和国监察法〉案例解读》，中国方正出版社 2018 年版，第 255 页。

投案，如实供述自己罪行的行为。主要包括两个要件：一是自动投案，即被调查人将自己置于监察机关合法控制下，进而接受调查和审判。二是如实供述自己的罪行，即如实交代自己的主要犯罪事实以及姓名、年龄、职业、住址、前科等情况。据此，本案中，C 市纪委监委虽然已经掌握了 L 某涉嫌受贿犯罪的事实，但 L 某在纪委监委找其调查前，主动向县委书记 Z 某说明了自己受贿 2 万元的事实，自愿置于纪检监察机关的控制下并接受调查，可以认定为自动投案。但 L 某并没有如实供述自己全部犯罪事实，而是隐瞒受贿 20 万元的主要事实，仅交代了受贿 2 万元的事实，其真实意图是想蒙混过关，通过交代较为轻微的犯罪事实，掩盖较重的犯罪事实，进而逃避法律制裁。可见，L 某并没有真诚悔罪悔过的主观意愿，其行为不符合《监察法》第 31 条第 1 项的规定，因此纪检监察机关不能向检察机关提出从宽处罚建议。实践中，纪检监察机关在运用《监察法》第 31 条第 1 项规定时，必须认真审核把关，综合考虑被调查人的投案时机、供述内容、供述稳定性等因素，分析判断被调查人的真实目的，既要发挥好《监察法》关于从宽建议规定的导向作用，又要防止被调查人借“自首”之名行逃避惩罚之实。

☞ **相关法条**

《监察法实施条例》第213~217条、第219条

★★ **第三十二条 【揭发或提供重要线索的从宽处罚】** 职务违法犯罪的涉案人员揭发有关被调查人职务违法犯罪行为，查证属实的，或者提供重要线索，有助于调查其他案件的，监察机关经领导人员集体研究，并报上一级监察机关批准，可以在移送人民检察院时提出从宽处罚的建议。

注释

涉嫌行贿等犯罪的涉案人员有下列情形之一的，可以认定为本条规定的“揭发有关被调查人职务违法犯罪行为，查证属实的，或者提供重要线索，有助于调查其他案件”：(1) 揭发所涉案件以外的被调查人职务犯罪行为，经查证属实的；(2) 提供的重要线索指向具体的职务犯罪事实，对调查其他案件起到实质性推动作用的；(3) 提供的重要线索有助于加快其他案件办理进度，或者对其他案件固定关键证据、挽回损失、追逃追赃等起到积极作用的。

☞ **相关法条**

《监察法实施条例》第218条

★ **第三十三条 【依法收集的证据材料的法律效力、非法证据排除规则】** 监察机关依照本法规定收集

的物证、书证、证人证言、被调查人供述和辩解、视听资料、电子数据等证据材料，在刑事诉讼中可以作为证据使用。

监察机关在收集、固定、审查、运用证据时，应当与刑事审判关于证据的要求和标准相一致。

以非法方法收集的证据应当依法予以排除，不得作为案件处置的依据。

注释

严禁以暴力、威胁、引诱、欺骗以及非法限制人身自由等非法方法收集证据，严禁侮辱、打骂、虐待、体罚或者变相体罚被调查人、涉案人员和证人。

对于调查人员采用暴力、威胁以及非法限制人身自由等非法方法收集的被调查人供述、证人证言、被害人陈述，应当依法予以排除。暴力的方法，是指采用殴打、违法使用戒具等方法或者变相肉刑的恶劣手段，使人遭受难以忍受的痛苦而违背意愿作出供述、证言、陈述；威胁的方法，是指采用以暴力或者严重损害本人及其近亲属合法权益等进行威胁的方法，使人遭受难以忍受的痛苦而违背意愿作出供述、证言、陈述。

收集物证、书证不符合法定程序，可能严重影响案件公正处理的，应当予以补正或者作出合理解释；不能补正或者作出合理解释的，对该证据应当予以排除。

☞ **相关法条**

《监察法实施条例》第59~66条

★★ **第三十四条 【职务违法犯罪问题线索移送制度和管辖】** 人民法院、人民检察院、公安机关、审计机关等国家机关在工作中发现公职人员涉嫌贪污贿赂、失职渎职等职务违法或者职务犯罪的问题线索，应当移送监察机关，由监察机关依法调查处置。

被调查人既涉嫌严重职务违法或者职务犯罪，又涉嫌其他违法犯罪的，一般应当由监察机关为主调查，其他机关予以协助。

注释

监察机关对于执法机关、司法机关等其他机关移送的问题线索，应当及时审核，并按照下列方式办理：(1) 本单位有管辖权的，及时研究提出处置意见；(2) 本单位没有管辖权但其他监察机关有管辖权的，在5个工作日以内转送有管辖权的监察机关；(3) 本单位对部分问题线索有管辖权的，对有管辖权的部分提出处置意见，并及时将其他问题线索转送有管辖权的机关；(4) 监察机关没有管辖权的，及时退回移送机关。

公职人员既涉嫌贪污贿赂、失职渎职等严重职务违法和职务犯罪，又涉嫌公安机关、人民检察院等机关管辖的犯罪，依法由监察机关为主调查的，应当由监察机关和其他机关分别依职权立案，监察机关承担组织协调职责，协调调查和侦查工作进度、重要调查和侦查措施使用等重要事项。

典型案例

职务违法或犯罪案件应以监察机关为主调查①

S省省会城市V市公安机关在一次专项行动中成功破获一起重大入室盗窃案，但令人感到蹊跷的是失主并未报案，调查后发现失主W某为省交通厅副厅长，其妻也是公职人员，但被盗财物中仅现金就超过200万元，还有价值不菲的名表、玉器、字画，明显超出其正常收入范围。鉴于该问题涉及W某的职务犯罪问题，于是市公安局将这一问题线索及时移交市纪委监委，并由市纪委监委报送省纪委监委。S省纪委监委遂依法对W某进行了立案审查调查并对其采取了留置措施。留置期间，调查人员通过认真细致的思想政治工作，并对玉器、字画进行了鉴定，确认估值近千万元，在铁的证据面前，W某很快交代了其作为分管公路局的领导，长期利用职权收受他人贿赂的犯罪事实。

① 参见《〈中华人民共和国监察法〉案例解读》编写组编写：《〈中华人民共和国监察法〉案例解读》，中国方正出版社2018年版，第279页。

解读：监察机关是行使国家监察职能的专责机关，对所有行使公权力的公职人员进行监察，调查职务违法和职务犯罪。这实际上体现了监察机关在党和国家自我监督体系中的独特地位和重要作用，监察机关职责权限法定、监察对象法定、监察程序法定，职务违法或职务犯罪案件应以监察机关为主调查，这是党和人民赋予的神圣职责，是非常严肃的事情。本案是相关国家机关在工作中发现公职人员涉嫌职务犯罪的问题线索，移送监察机关的典型案例。W某因巨额财产失窃引起了公安机关的注意，其涉嫌职务犯罪问题线索被市公安局移送同级监察机关，并由市纪委监委报送省纪委监委，符合《监察法》和有关规定精神。实行职务违法犯罪问题线索移送制度，有利于发挥相关机关在反腐败斗争中的协同配合作用，确保监察机关及时查处各种职务违法犯罪行为。

☞ 相关法条

《监察法实施条例》第51条、第171条

▶▶小测试◀◀①

1. 监察机关行使监督、调查职权，有权依法向有关单位和个人了解情况，收集、调取证据。有关单位和个人应当如实提供。(　　)

2. 任何单位和个人不得伪造、隐匿或者毁灭证据。(　　)

3. 对可能发生职务违法的监察对象，监察机关按照管理权限，只能直接进行谈话或者要求说明情况。(　　)

4. 查封、扣押的财物、文件经查明与案件无关的，应当在查明后（　　）日内解除查封、扣押，予以退还。

A. 1　　　　B. 2

C. 3　　　　D. 5

5. 对涉嫌（　　）等职务犯罪的被调查人，监察机关可以进行讯问，要求其如实供述涉嫌犯罪的情况。

A. 贪污　　　　B. 贿赂

C. 失职　　　　D. 渎职

6. 被调查人涉嫌贪污贿赂、失职渎职等严重职务违法或者职务犯罪，监察机关已经掌握其部分违法犯罪事实及证据，仍有重要问题需要进一步调查，并有下列哪些情形之一

---

① 【答案】1. √。2. √。3. ×，解析：《监察法》第19条。4. C。5. ABCD。6. ABCD。7. ABCD。8. BCD。9. ABCD。10. 国家秘密；商业秘密；个人隐私。11. 3个月；3个月；及时解除。12. 刑事诉讼；排除。13. 监察机关。

的，经监察机关依法审批，可以将其留置在特定场所？（　　）

A. 涉及案情重大、复杂的

B. 可能逃跑、自杀的

C. 可能串供或者伪造、隐匿、毁灭证据的

D. 可能有其他妨碍调查行为的

7. 监察机关可以对涉嫌职务犯罪的被调查人以及可能隐藏被调查人或者犯罪证据的人的（　　）进行搜查。

A. 身体　　B. 物品

C. 住处　　D. 其他有关地方

8. 监察机关在调查过程中，可以（　　）用以证明被调查人涉嫌违法犯罪的财物、文件和电子数据等信息。

A. 查询　　B. 调取

C. 查封　　D. 扣押

9. 涉嫌职务犯罪的被调查人主动认罪认罚，有下列哪些情形之一的，监察机关经领导人员集体研究，并报上一级监察机关批准，可以在移送人民检察院时提出从宽处罚的建议？（　　）

A. 自动投案，真诚悔罪悔过的

B. 积极配合调查工作，如实供述监察机关还未掌握的违法犯罪行为的

C. 积极退赃，减少损失的

D. 具有重大立功表现或者案件涉及国家重大利益等情形的

10. 监察机关及其工作人员对监督、调查过程中知悉的____、____、____，应当保密。

11. 监察机关调查涉嫌重大贪污贿赂等职务犯罪，根据需要，经过严格的批准手续，可以采取技术调查措施，按照规定交有关机关执行。批准决定应当明确采取技术调查措施的种类和适用对象，自签发之日起____以内有效；对于复杂、疑难案件，期限届满仍有必要继续采取技术调查措施的，经过批准，有效期可以延长，每次不得超过____。对于不需要继续采取技术调查措施的，应当____。

12. 监察机关依照《监察法》规定收集的物证、书证、证人证言、被调查人供述和辩解、视听资料、电子数据等证据材料，在____中可以作为证据使用。以非法方法收集的证据应当依法予以____，不得作为案件处置的依据。

13. 被调查人既涉嫌严重职务违法或者职务犯罪，又涉嫌其他违法犯罪的，一般应当由____为主调查，其他机关予以协助。

第五章 监察程序

★ **第三十五条　【对报案或举报的处理】** 监察机关对于报案或者举报，应当接受并按照有关规定处理。对于不属于本机关管辖的，应当移送主管机关处理。

注释

监察机关接到的报案或者举报，属于其他监察机关管辖的，应当在5个工作日以内予以转送。

☞ **相关法条**

《监察法实施条例》第169~171条

★★ **第三十六条　【加强监察工作监督管理的总体规定】** 监察机关应当严格按照程序开展工作，建立问题线索处置、调查、审理各部门相互协调、相互制约的工作机制。

监察机关应当加强对调查、处置工作全过程的监督管理，设立相应的工作部门履行线索管理、监督检查、督促办理、统计分析等管理协调职能。

☞ **相关法条**

《监察法实施条例》第172条、第173条

★ **第三十七条　【问题线索处置程序和要求】** 监察机关对监察对象的问题线索，应当按照有关规定提出处置意见，履行审批手续，进行分类办理。线索处置情况应当定期汇总、通报，定期检查、抽查。

注释

监察机关应当对问题线索归口受理、集中管理、分类处置、定期清理。

监督检查部门应当结合问题线索所涉及地区、部门、单位总体情况进行综合分析，提出处置意见并制定处置方案，经审批按照谈话、函询、初步核实、暂存待查、予以了结等方式进行处置，或者按照职责移送调查部门处置。

☞ 相关法条

《监察法实施条例》第 168 条、第 174 条、第 175 条

★ **第三十八条　【初步核实】** 需要采取初步核实方式处置问题线索的，监察机关应当依法履行审批程序，成立核查组。初步核实工作结束后，核查组应当撰写初步核实情况报告，提出处理建议。承办部门应当提出分类处理意见。初步核实情况报告和分类处理意见报监察机关主要负责人审批。

注 释

采取初步核实方式处置问题线索，应当确定初步核实对象，制定工作方案，明确需要核实的问题和采取的措施，成立核查组。在初步核实中应当注重收集客观性证据，确保真实性和准确性。

在初步核实中发现或者受理被核查人新的具有可查性的问题线索的，应当经审批纳入原初核方案开展核查。

核查组在初步核实工作结束后应当撰写初步核实情况报告，列明被核查人基本情况、反映的主要问题、办理依据、初步核实结果、存在疑点、处理建议，由全体人员签名。承办部门应当综合分析初步核实情况，按照拟立案调查、予以了结、谈话提醒、暂存待查，或者移送有关部门、机关处理等方式提出处置建议，按照批准初步核实的程序报批。

☞ 相关法条

《监察法实施条例》第 176~179 条

★ **第三十九条　【立案的条件和程序、立案后的处理】** 经过初步核实，对监察对象涉嫌职务违法犯罪，需要追究法律责任的，监察机关应当按照规定的权限和程序办理立案手续。

监察机关主要负责人依法批准立案后，应当主持召开专题会议，研究确定调查方案，决定需要采取的调查措施。

立案调查决定应当向被调查人宣布，并通报相关组织。涉嫌严重职务违法或者职务犯罪的，应当通知被调查人家属，并向社会公开发布。

注释

监察机关立案调查职务违法或者职务犯罪案件，需要对涉嫌行贿犯罪、介绍贿赂犯罪或者共同职务犯罪的涉案人员立案调查的，应当一并办理立案手续。需要交由下级监察机关立案的，经审批交由下级监察机关办理立案手续。

对单位涉嫌受贿、行贿等职务犯罪，需要追究法律责任的，依法对该单位办理立案调查手续。对事故（事件）中存在职务违法或者职务犯罪问题，需要追究法律责任，但相关责任人员尚不明确的，可以以事立案。对单位立案或者以事立案后，经调查确定相关责任人员的，按照管理权限报批确定被调查人。

监察机关根据人民法院生效刑事判决、裁定和人民检察院不起诉决定认定的事实，需要对监察对象给予政务处分的，可以由相关监督检查部门依据司法机关的生效判决、裁定、决定及其认定的事实、性质和情节，提出给予政务处分的意见，按程序移送审理。对依法被追究行政法律责任的监察对象，需要给予政务处分的，应当依法办理立案手续。

☞ 相关法条

《监察法实施条例》第 180~184 条

★ **第四十条　【调查取证工作要求】**监察机关对职务违法和职务犯罪案件，应当进行调查，收集被调查人有无违法犯罪以及情节轻重的证据，查明违法犯罪事实，形成相互印证、完整稳定的证据链。

严禁以威胁、引诱、欺骗及其他非法方式收集证据，严禁侮辱、打骂、虐待、体罚或者变相体罚被调查人和涉案人员。

注释

调查职务违法或者职务犯罪案件，对被调查人没有采取留置措施的，应当在立案后 1 年以内作出处理决定；对被调查人解除留置措施的，应当在解除留置措施后 1 年以内作出处理决定。案情重大复杂的案件，经上一级监察机关批准，可以适当延长，但延长期限不得超过 6 个月。

被调查人在监察机关立案调查以后逃匿的，调查期限自被调查人到案之日起重新计算。

☞ **相关法条**

《监察法实施条例》第 185 条

第四十一条　【采取调查措施的程序性规定】调查人员采取讯问、询问、留置、搜查、调取、查封、扣押、勘验检查等调查措施，均应当依照规定出示证件，出具书面通知，由二人以上进行，形成笔录、报告等书面材料，并由相关人员签名、盖章。

调查人员进行讯问以及搜查、查封、扣押等重要取证工作，应当对全过程进行录音录像，留存备查。

☞ **相关法条**

《监察法实施条例》第 87 条、第 97 条、第 113 条、第 116 条、第 120 条、第 126 条

★★ **第四十二条　【严格执行调查方案、重要事项的请示报告制度】**调查人员应当严格执行调查方案，不得随意扩大调查范围、变更调查对象和事项。

对调查过程中的重要事项，应当集体研究后按程序请示报告。

注释

监察机关应当组成调查组依法开展调查。调查工作应当严格按照批准的方案执行，不得随意扩大调查范围、变更调查对象和事项，对重要事项应当及时请示报告。调查

人员在调查工作期间，未经批准不得单独接触任何涉案人员及其特定关系人，不得擅自采取调查措施。

调查组应当将调查认定的涉嫌违法犯罪事实形成书面材料，交给被调查人核对，听取其意见。被调查人应当在书面材料上签署意见。对被调查人签署不同意见或者拒不签署意见的，调查组应当作出说明或者注明情况。对被调查人提出申辩的事实、理由和证据应当进行核实，成立的予以采纳。对立案和移送审理一并报批的案件，应当在报批前履行上述程序。调查组对于立案调查的涉嫌行贿犯罪、介绍贿赂犯罪或者共同职务犯罪的涉案人员，在查明其涉嫌犯罪问题后，依照上述规定办理。

☞ 相关法条

《监察法实施条例》第186~199条

★★ 第四十三条 【留置措施的审批权限、期限、执行和解除】 监察机关采取留置措施，应当由监察机关领导人员集体研究决定。设区的市级以下监察机关采取留置措施，应当报上一级监察机关批准。省级监察机关采取留置措施，应当报国家监察委员会备案。

留置时间不得超过三个月。在特殊情况下，可以延长一次，延长时间不得超过三个月。省级以下监察机关采取留置措施的，延长留置时间应当报上一级监察机关批准。监察机关发现采取留置措施不当的，应当及时解除。

监察机关采取留置措施，可以根据工作需要提请公安机关配合。公安机关应当依法予以协助。

注释

留置时间不得超过3个月，自向被留置人员宣布之日起算。具有下列情形之一的，经审批可以延长1次，延长时间不得超过3个月：(1) 案情重大，严重危害国家利益或者公共利益的；(2) 案情复杂，涉案人员多、金额巨大，涉及范围广的；(3) 重要证据尚未收集完成，或者重要涉案人员尚未到案，导致违法犯罪的主要事实仍须继续调查的；(4) 其他需要延长留置时间的情形。

省级以下监察机关采取留置措施的，延长留置时间应当报上一级监察机关批准。

延长留置时间的，应当通知被留置人员家属。

采取留置措施可请公安机关依法协助①

某市纪委监委经批准决定对市农业局局长A某立案调查并采取留置措施。根据工作方案，拟在A某办公地点对其宣布采取留置措施。根据工作需要，市纪委监委依法提请该市公安局协助配合对A某采取留置措施。

市纪委监委、市公安局联合制定了对A某采取留置的实施方案，明确了留置宣布、执行、交接等各个环节的具体要求和工作程序。两名市纪委监委工作人员和多名公安民警抵达A某办公地点，市纪委监委工作人员出示证件欲进入办公楼时，遭到保安阻拦。根据方案，在场的公安民警出面协助，保障前来采取留置措施的一行人员进入办公楼。

两名市纪委监委工作人员向A某出示证件，宣布留置决定，由其本人签字。随后，市纪委监委工作人员、公安民警共同乘坐车辆将A某送至留置场所，确保沿途安全。到达留置场所后，依照规定完成了A某入住留置场所的各项手续。

解读：《监察法》第43条第3款规定了公安机关对监察机关采取留置措施的协助配合义务。监察委员会由国家

① 参见《〈中华人民共和国监察法〉案例解读》编写组编写：《〈中华人民共和国监察法〉案例解读》，中国方正出版社2018年版，第379页。

权力机关产生，其职责权限由《宪法》和《监察法》赋予，监察权具有权威性、法定性和强制性。监察机关依法执行公务时，有关单位和个人应当配合。但在实践中，特别是在《监察法》实施初期，社会公众对监察机关的法律地位认识还不到位，可能会出现不配合的情况；有的调查对象由于存在抵触心理，也可能会拒不配合调查，甚至出现暴力抗法的极端情况。本案例中，A某办公地点的保安对于监察机关依法采取措施的合法性、正当性、严肃性认识还不到位，出手阻挠。而公安民警的执法以相关法律规定为依据，且多年来其执行法律的权威性、强制性已经广受人民群众和社会各界认可，因而由其出面协助留置A某就相对比较顺利。

留置是带有强制性的调查措施，执行留置措施必须确保安全可控。因此《监察法》规定监察机关采取留置措施可以提请公安机关配合，公安机关应当依法予以协助。公安机关的协助配合可以体现在控制被留置人员、带至留置场所、留置期间的看护等环节。本案例中，公安民警协助纪委监委工作人员在现场当面向A某宣布留置决定，将A某带至留置场所，陪同办理入住手续等，既确保了调查人员人身安全和顺利执法，又确保了A某人身安全，以及调查工作的安全性、保密性。

实践中，将被调查人和相关人员留置在特定场所后，可能还需要公安机关派人进行看护，以保证被留置人员的安全，保障留置期间讯问等相关调查工作的顺利进行。对于需要依法提请公安机关配合协助进行留置看护的，监察机关和公安机关的沟通协调必须到位，确保能相互补台，及时发现工作中的短板和管理中的漏洞，及时改进具体措施，加强对看护人员的培训，确保留置看护工作顺利进行。留置看护工作的政治性、保密性强，看护人员要时刻树牢安全意识、底线意识、责任意识、保密意识，确保留置对象的绝对安全。

☞ 相关法条

《监察法实施条例》第 99 条、第 101 条、第 102 条

★★ 第四十四条　【留置期间监察机关工作要求、被留置人合法权益保障】 对被调查人采取留置措施后，应当在二十四小时以内，通知被留置人员所在单位和家属，但有可能毁灭、伪造证据，干扰证人作证或者串供等有碍调查情形的除外。有碍调查的情形消失后，应当立即通知被留置人员所在单位和家属。

监察机关应当保障被留置人员的饮食、休息和安全，提供医疗服务。讯问被留置人员应当合理安排讯问时间和时长，讯问笔录由被讯问人阅看后签名。

被留置人员涉嫌犯罪移送司法机关后，被依法判处管制、拘役和有期徒刑的，留置一日折抵管制二日，折抵拘役、有期徒刑一日。

典型案例

被留置人员经司法审判时应依法折抵刑期①

某市纪委监委经过初步核实，依法履行审批手续，对涉嫌严重违反党纪和受贿犯罪的市水务局副局长A某进行调查，并经省纪委监委批准后于3月27日对A某采取了留置措施。

经过1个多月的调查，A某严重违反党纪和涉嫌受贿犯罪的事实查清，相关证据确实、充分，该市纪委监委按相关程序给予A某开除党籍处分和开除公职政务处分，并制作起诉意见书，连同案卷材料、证据一并移送人民检察院依法审查、提起公诉。人民检察院对A某依法予以逮捕。经审查后，人民检察院对A某以受贿罪依法向人民法院提起公诉。

人民法院经开庭审理，在当年9月以受贿罪依法判处A某有期徒刑3年，并处罚金20万元。法院最终作出的判决书中写明，A某自当年3月27日起被该市监察委员会依

① 参见《〈中华人民共和国监察法〉案例解读》编写组编写：《〈中华人民共和国监察法〉案例解读》，中国方正出版社2018年版，第387页。

法采取留置措施，其后被人民检察院依法予以逮捕，A 某的刑期自留置当日即 3 月 27 日起算。

解读： 根据《刑法》第 41 条、第 44 条、第 47 条的规定，判决执行以前先行羁押的，羁押一日折抵管制的刑期二日，折抵拘役、有期徒刑的刑期一日。《监察法》参照了《刑法》上述规定的精神，对被留置人的留置期限也规定要适用刑期折抵。

刑期折抵是一项重要的刑罚适用制度，体现了《刑法》的公正、权利保障原则和《刑法》的人性关怀。《监察法》将刑期折抵制度引入留置措施的相关规定，与《刑法》的公平公正精神一脉相承，体现了对被留置人员的人性关怀。根据《刑法》规定，主刑包括管制、拘役、有期徒刑、无期徒刑、死刑。可以被留置时间折抵的刑种包括管制、拘役和有期徒刑，无期徒刑和死刑两种主刑不存在刑期折抵的问题。由于无期徒刑无刑期可言，因此判决执行前被留置或者逮捕的时间不折抵刑期。附加刑包括罚金、剥夺政治权利和没收财产，留置时间不能与之相折抵。根据《刑法》第 57 条的规定，对于被判处死刑、无期徒刑的犯罪分子，应当剥夺政治权利终身，这一附加刑也不存在刑期折抵问题。

本案例中，A 某于 3 月 27 日被采取留置措施，后被人民检察院依法逮捕，最终于当年9月被人民法院判处有期徒刑3年。根据《监察法》的规定，A某留置一日折抵其被判处的有期徒刑刑期一日。由于其逮捕期间也是羁押一日折抵有期徒刑一日，所以A某的留置、逮捕时间都要折抵刑期，因此其有期徒刑刑期自留置当日即3月27日起算。

☞ **相关法条**

《监察法实施条例》第98条、第100条

☆☆ 第四十五条 【根据监督、调查结果处置的方式】 监察机关根据监督、调查结果，依法作出如下处置：

（一）对有职务违法行为但情节较轻的公职人员，按照管理权限，直接或者委托有关机关、人员，进行谈话提醒、批评教育、责令检查，或者予以诫勉；

（二）对违法的公职人员依照法定程序作出警告、记过、记大过、降级、撤职、开除等政务处分决定；

（三）对不履行或者不正确履行职责负有责任的领导人员，按照管理权限对其直接作出问责决定，或者向有权作出问责决定的机关提出问责建议；

（四）对涉嫌职务犯罪的，监察机关经调查认为犯罪事实清楚，证据确实、充分的，制作起诉意见书，连同案卷材料、证据一并移送人民检察院依法审查、提起公诉；

（五）对监察对象所在单位廉政建设和履行职责存在的问题等提出监察建议。

监察机关经调查，对没有证据证明被调查人存在违法犯罪行为的，应当撤销案件，并通知被调查人所在单位。

注释

监察机关应当将政务处分决定书在作出后1个月以内送达被处分人和被处分人所在机关、单位，并依法履行宣布、书面告知程序。政务处分决定自作出之日起生效。有关机关、单位、组织应当依法及时执行处分决定，并将执行情况向监察机关报告。处分决定应当在作出之日起1个月以内执行完毕，特殊情况下经监察机关批准可以适当延长办理期限，最迟不得超过6个月。

监察机关依法向监察对象所在单位提出监察建议的，应当经审批制作监察建议书。监察建议书一般应当包括下列内容：(1) 监督调查情况；(2) 调查中发现的主要问题及其产生的原因；(3) 整改建议、要求和期限；(4) 向监察机关反馈整改情况的要求。

纪委监委可依法向有关单位提出监察建议①

某县纪委监委对该县交通运输局财务股股长 A 某涉嫌贪污、挪用公款行为进行立案审查调查并采取留置措施。根据审查调查结果，县纪委监委依纪依法给予 A 某开除党籍处分和开除公职政务处分，将其涉嫌贪污、挪用公款犯罪问题移送人民检察院依法审查、提起公诉。人民法院最终依法对该案作出生效判决，以贪污罪、挪用公款罪数罪并罚，判处 A 某有期徒刑 5 年。在调查过程中，该县纪委监委发现，A 某所在的县交通运输局在廉政风险防控方面存在漏洞，在财务工作上的廉政风险问题尤其突出，于是依法向县交通运输局有针对性地提出了关于加强该单位廉政建设的监察建议。县交通运输局党政领导班子认真采纳了监察建议，立行立改，对症下药，制定整改方案，从改进财务审批流程、强化内部监督制约、明确不可为的“负面清单”等方面进一步建章立制、抓好落实，切实采取措施堵塞了管理监督漏洞，从根本上促进了本单位本系统公职人员秉公用权、廉洁从政从业。

解读：《监察法》第 45 条第 1 款第 5 项是关于监察机

① 参见《〈中华人民共和国监察法〉案例解读》编写组编写：《〈中华人民共和国监察法〉案例解读》，中国方正出版社 2018 年版，第 399 页。

关以提出监察建议方式作出处置的规定。国家监察工作的一个重要原则，就是坚持标本兼治、综合治理，既要通过严厉惩治腐败，形成“不敢腐”的震慑；又要通过深化改革、健全法治，有效制约和监督权力，形成“不能腐”的体制机制。监察机关的监察对象聚焦于行使公权力的公职人员，但是不能机械地理解为监察工作与监察对象所在单位的公权力就毫不相干。减少腐败存量、遏制腐败增量是调查工作的重要目标，但是不能只注重案件调查环节，忽视通过调查发现的制度性、机制性问题。监察机关在具体的监督、调查过程中，能直观、清楚地发现监察对象所在单位廉政建设、权力监督方面存在的漏洞和薄弱环节。当监察机关发现这些问题时，既有权力又有义务向这些单位提出监察建议，推动整改问题、完善制度，这样才能以治标促进治本，发挥标本兼治的综合效应。

监察建议不同于一般的工作建议。本案例中，县纪委监委根据审查调查结果，针对A某所在县交通运输局存在的廉政建设方面的问题，立足于该局承担的职责和实际工作，有针对性地提出了监察建议。这一监察建议是具有法律效力的，相对人无正当理由必须履行监察建议要求其履行的义务，否则，就要承担相应的法律责任。《监察法》第62条也对此作出了明确规定：有关单位无正当理由拒不采纳监察建议的，由其主管部门、上级机关责令改正，对单位给予通报批评；对负有责任的领导人员和直接责任人员依法给予处理。监察机关不干涉监察对象所在单位的日常工作，监察建议一般不涉及监察对象所在单位主责主业的正常运转，提出监察建议的目的是做好监督、调查的“后一半”工作，强化对公权力运行的监督制约。相关单位接到建议后，应当“亡羊补牢”，深刻总结经验教训，积极完善制度、强化监管、堵塞漏洞，从根本上消除腐败滋生蔓延的土壤，避免公职人员因为相同的问题“前腐后继”，甚至出现塌方式、系统性腐败。

☞ 相关法条

《监察法实施条例》第200~207条

★ **第四十六条　【对涉案财物的处置】** 监察机关经调查，对违法取得的财物，依法予以没收、追缴或者责令退赔；对涉嫌犯罪取得的财物，应当随案移送人民检察院。

注释

监察机关经调查，对违法取得的财物及孳息决定追缴或者责令退赔的，可以依法要求公安、自然资源、住房城乡建设、市场监管、金融监管等部门以及银行等机构、单位予以协助。

追缴涉案财物以追缴原物为原则，原物已经转化为其他财物的，应当追缴转化后的财物；有证据证明依法应当追缴、没收的涉案财物无法找到、被他人善意取得、价值灭失减损或者与其他合法财产混合且不可分割的，可以依法追缴、没收其他等值财产。

追缴或者责令退赔应当自处置决定作出之日起 1 个月以内执行完毕。因被调查人的原因逾期执行的除外。

人民检察院、人民法院依法将不认定为犯罪所得的相关涉案财物退回监察机关的，监察机关应当依法处理。

☞ **相关法条**

《监察法实施条例》第 207~209 条

★★ **第四十七条　【检察机关对监察机关移送案件的处理】** 对监察机关移送的案件，人民检察院依照《中华人民共和国刑事诉讼法》对被调查人采取强制措施。

人民检察院经审查，认为犯罪事实已经查清，证据确实、充分，依法应当追究刑事责任的，应当作出起诉决定。

人民检察院经审查，认为需要补充核实的，应当退回监察机关补充调查，必要时可以自行补充侦查。对于补充调查的案件，应当在一个月内补充调查完毕。补充调查以二次为限。

人民检察院对于有《中华人民共和国刑事诉讼法》规定的不起诉的情形的，经上一级人民检察院批准，依法作出不起诉的决定。监察机关认为不起诉的决定有错误的，可以向上一级人民检察院提请复议。

注释

监察机关对于人民检察院在审查起诉中书面提出的下列要求应当予以配合：(1) 认为可能存在以非法方法收集证据情形，要求监察机关对证据收集的合法性作出说明或者提供相关证明材料的；(2) 排除非法证据后，要求监察机关另行指派调查人员重新取证的；(3) 对物证、书证、视听资料、电子数据及勘验检查、辨认、调查实验等笔录存在疑问，要求调查人员提供获取、制作的有关情况的；(4) 要求监察机关对案件中某些专门性问题进行鉴定，或者对勘验检查进行复验、复查的；(5) 认为主要犯罪事实已经查清，仍有部分证据需要补充完善，要求监察机关补充提供证据的； (6) 人民检察院依法提出的其他工作要求。

对人民检察院退回补充调查的案件，经审批分别作出下列处理：(1) 认定犯罪事实的证据不够充分的，应当在补充证据后，制作补充调查报告书，连同相关材料一并移送人民检察院审查，对无法补充完善的证据，应当作出书面情况说明，并加盖监察机关或者承办部门公章；(2) 在补充调查中发现新的同案犯或者增加、变更犯罪事实，需要追究刑事责任的，应当重新提出处理意见，移送人民检察院审查；(3) 犯罪事实的认定出现重大变化，认为不应当追究被调查人刑事责任的，应当重新提出处理意见，将处理结果书面通知人民检察院并说明理由；(4) 认为移送起诉的犯罪事实清楚，证据确实、充分的，应当说明理由，移送人民检察院依法审查。

监察机关认为人民检察院不起诉决定有错误的，应当在收到不起诉决定书后30日以内，依法向其上一级人民检察院提请复议。监察机关应当将上述情况及时向上一级监察机关书面报告。

☞ 相关法条

《监察法实施条例》第225~230条

第四十八条　【被调查人逃匿、死亡案件违法所得没收程序】 监察机关在调查贪污贿赂、失职渎职等职务犯罪案件过程中，被调查人逃匿或者死亡，有必要继续调查的，经省级以上监察机关批准，应当继续调查并作出结论。被调查人逃匿，在通缉一年后不能到案，或者死亡的，由监察机关提请人民检察院依照法定程序，向人民法院提出没收违法所得的申请。

 **相关法条**

《监察法实施条例》第232条、第233条

★★ **第四十九条 【复审、复核】** 监察对象对监察机关作出的涉及本人的处理决定不服的，可以在收到处理决定之日起一个月内，向作出决定的监察机关申请复审，复审机关应当在一个月内作出复审决定；监察对象对复审决定仍不服的，可以在收到复审决定之日起一个月内，向上一级监察机关申请复核，复核机关应当在二个月内作出复核决定。复审、复核期间，不停止原处理决定的执行。复核机关经审查，认定处理决定有错误的，原处理机关应当及时予以纠正。

注释

复审、复核机关承办部门应当成立工作组，调阅原案卷宗，必要时可以进行调查取证。承办部门应当集体研究，提出办理意见，经审批作出复审、复核决定。决定应当送达申请人，抄送相关单位，并在一定范围内宣布。

复审、复核期间，不停止原处理决定的执行。复审、复核机关经审查认定处理决定有错误或者不当的，应当依

法撤销、变更原处理决定，或者责令原处理机关及时予以纠正。复审、复核机关经审查认定处理决定事实清楚、适用法律正确的，应当予以维持。

复审复核与调查审理分离，原案调查、审理人员不得参与复审复核。

☞ 相关法条

《监察法实施条例》第210条、第211条

▶▶小测试◀◀①

1. 监察机关对于报案或者举报，应当接受并按照有关规定处理。对于不属于本机关管辖的，应当移送主管机关处理。（　　）
2. 监察机关对监察对象的问题线索，应当按照有关规定提出处置意见，履行审批手续，进行分类办理。线索处置情况应当定期汇总、通报，定期检查、抽查。（　　）
3. 需要采取初步核实方式处置问题线索的，监察机关无需履行审批程序，即可成立核查组。（　　）

---

① 【答案】1. √。2. √。3. ×，解析：《监察法》第38条。4. D。5. B。6. ABCD。7. ABCD。8. 二；一。9. 省级；1；没收违法所得。10. 1；1；1；2。

4. 监察机关采取留置措施，留置时间不得超过（　　）个月。在特殊情况下，可以延长一次，延长时间不得超过（　　）个月。

A. 1；3　　　　B. 3；1

C. 2；2　　　　D. 3；3

5. 调查人员采取讯问、询问、留置、搜查、调取、查封、扣押、勘验检查等调查措施，均应当依照规定出示证件，出具书面通知，由（　　）人以上进行，形成笔录、报告等书面材料，并由相关人员签名、盖章。

A. 1　　　　B. 2

C. 3　　　　D. 4

6. 严禁以（　　）方式收集证据，严禁侮辱、打骂、虐待、体罚或者变相体罚被调查人和涉案人员。

A. 威胁　　　　B. 引诱

C. 欺骗　　　　D. 其他非法

7. 对被调查人采取留置措施后，应当在24小时以内，通知被留置人员所在单位和家属，但有可能（　　）等有碍调查情形的除外。

A. 毁灭证据　　　　B. 伪造证据

C. 干扰证人作证　　　　D. 串供

8. 被留置人员涉嫌犯罪移送司法机关后，被依法判处管制、拘役和有期徒刑的，留置一日折抵管制____日，折抵拘役、有期徒刑____日。

9. 监察机关在调查贪污贿赂、失职渎职等职务犯罪案件过程中，被调查人逃匿或者死亡，有必要继续调查的，经____以上监察机关批准，应当继续调查并作出结论。被调查人逃匿，在通缉____年后不能到案，或者死亡的，由监察机关提请人民检察院依照法定程序，向人民法院提出____的申请。

10. 监察对象对监察机关作出的涉及本人的处理决定不服的，可以在收到处理决定之日起____个月内，向作出决定的监察机关申请复审，复审机关应当在____个月内作出复审决定；监察对象对复审决定仍不服的，可以在收到复审决定之日起____个月内，向上一级监察机关申请复核，复核机关应当在____个月内作出复核决定。复审、复核期间，不停止原处理决定的执行。

第六章　反腐败国际合作

★ **第五十条　【国家监察委员会统筹协调反腐败国际合作】** 国家监察委员会统筹协调与其他国家、地区、国际组织开展的反腐败国际交流、合作，组织反腐败国际条约实施工作。

注释

国家监察委员会组织协调有关单位建立集中统一、高效顺畅的反腐败国际追逃追赃和防逃协调机制，统筹协调、督促指导各级监察机关反腐败国际追逃追赃等涉外案件办理工作，具体履行下列职责：(1) 制定反腐败国际追逃追赃和防逃工作计划，研究工作中的重要问题；(2) 组织协调反腐败国际追逃追赃等重大涉外案件办理工作；(3) 办理由国家监察委员会管辖的涉外案件；(4) 指导地方各级监察机关依法开展涉外案件办理工作；(5) 汇总和通报全国职务犯罪外逃案件信息和追逃追赃工作信息；(6) 建立健全反腐败国际追逃追赃和防逃合作网络；(7) 承担监察机关开展国际刑事司法协助的主管机关职责；(8) 承担其他与反腐败国际追逃追赃等涉外案件办理工作相关的职责。

地方各级监察机关在国家监察委员会领导下，统筹协调、督促指导本地区反腐败国际追逃追赃等涉外案件办理工作，具体履行下列职责：(1) 落实上级监察机关关于反腐败国际追逃追赃和防逃工作部署，制定工作计划；(2) 按照管辖权限或者上级监察机关指定管辖，办理涉外案件；(3) 按照上级监察机关要求，协助配合其他监察机关开展涉外案件办理工作；(4) 汇总和通报本地区职务犯罪外逃案件信息和追逃追赃工作信息；(5) 承担本地区其他与反腐败国际追逃追赃等涉外案件办理工作相关的职责。

☞ **相关法条**

《监察法实施条例》第 234~236 条

第五十一条　【国家监察委员会组织协调开展反腐败国际合作】 国家监察委员会组织协调有关方面加强与有关国家、地区、国际组织在反腐败执法、引渡、司法协助、被判刑人的移管、资产追回和信息交流等领域的合作。

☞ **相关法条**

《监察法实施条例》第 245~249 条

★★ **第五十二条　【反腐败国际追逃追赃和防逃工作】** 国家监察委员会加强对反腐败国际追逃追赃和防

逃工作的组织协调，督促有关单位做好相关工作：

（一）对于重大贪污贿赂、失职渎职等职务犯罪案件，被调查人逃匿到国（境）外，掌握证据比较确凿的，通过开展境外追逃合作，追捕归案；

（二）向赃款赃物所在国请求查询、冻结、扣押、没收、追缴、返还涉案资产；

（三）查询、监控涉嫌职务犯罪的公职人员及其相关人员进出国（境）和跨境资金流动情况，在调查案件过程中设置防逃程序。

注释

开展反腐败国际追逃追赃等涉外案件办理工作，应当把思想教育贯穿始终，落实宽严相济刑事政策，依法适用认罪认罚从宽制度，促使外逃人员回国投案或者配合调查、主动退赃。开展相关工作，应当尊重所在国家（地区）的法律规定。

监察机关对依法应当追缴的境外违法所得及其他涉案财产，应当责令涉案人员以合法方式退赔。涉案人员拒不退赔的，可以依法通过下列方式追缴：(1) 在开展引渡等追逃合作时，随附请求有关国家（地区）移交相关违法所得及其他涉案财产；(2) 依法启动违法所得没收程序，由人民法院对相关违法所得及其他涉案财产作出冻结、没收裁定，请有关国家（地区）承认和执行，并予以返还；(3) 请有关国家（地区）依法追缴相关违法所得及其他涉案财产，并予以返还；(4) 通过其他合法方式追缴。

☞ 相关法条

《监察法实施条例》第237~244条、第250条

▶▶小测试◀◀①

1. 国家监察委员会统筹协调与其他国家、地区、国际组织开展的反腐败国际交流、合作，组织反腐败国际条约实施工作。(　　)

2. 国家监察委员会加强对反腐败国际追逃追赃和防逃工作的组织协调，督促有关单位做好下列哪些相关工作？(　　)

   A. 对于重大贪污贿赂、失职渎职等职务犯罪案件，被调查人逃匿到国（境）外，掌握证据比较确凿的，通过开展境外追逃合作，追捕归案

   B. 向赃款赃物所在国请求查询、冻结、扣押、没收、追缴、返还涉案资产

   C. 查询、监控涉嫌职务犯罪的公职人员及其相关人员进

---

① 【答案】1. √。2. ABC。3. 引渡；被判刑人的移管；信息交流。

出国（境）和跨境资金流动情况，在调查案件过程中设置防逃程序

D. 向被调查人所在国请求引渡

3. 国家监察委员会组织协调有关方面加强与有关国家、地区、国际组织在反腐败执法、____、司法协助、____、资产追回和____等领域的合作。

第七章　对监察机关和监察人员的监督

第五十三条　【人大监督】各级监察委员会应当接受本级人民代表大会及其常务委员会的监督。

各级人民代表大会常务委员会听取和审议本级监察委员会的专项工作报告，组织执法检查。

县级以上各级人民代表大会及其常务委员会举行会议时，人民代表大会代表或者常务委员会组成人员可以依照法律规定的程序，就监察工作中的有关问题提出询问或者质询。

注释

国家监察委员会对全国人民代表大会和全国人民代表大会常务委员会负责。地方各级监察委员会对产生它的国家权力机关和上一级监察委员会负责。

各级监察委员会应当按照本条第 2 款规定，由主任在本级人民代表大会常务委员会全体会议上报告专项工作。在报告专项工作前，应当与本级人民代表大会有关专门委员会沟通协商，并配合开展调查研究等工作。各级人民代表大会常务委员会审议专项工作报告时，本级监察委员会应当根据要求派出领导成员列席相关会议，听取意见。各级监察委员会应当认真研究办理本级人民代表大会常务委员会反馈的审议意见，并按照要求书面报告办理情况。

☞ **相关法条**

《宪法》第 123~127 条

《监察法实施条例》第 251~254 条

★ **第五十四条　【外部监督】** 监察机关应当依法公开监察工作信息，接受民主监督、社会监督、舆论监督。

注释

各级监察机关应当通过互联网政务媒体、报刊、广播、电视等途径，向社会及时准确公开下列监察工作信息：(1) 监察法规；(2) 依法应当向社会公开的案件调查信息；(3) 检举控告地址、电话、网站等信息；(4) 其他依法应当公开的信息。

☞ **相关法条**

《监察法实施条例》第 255 条

★ **第五十五条　【内部监督】** 监察机关通过设立内部专门的监督机构等方式，加强对监察人员执行职务和遵守法律情况的监督，建设忠诚、干净、担当的监察队伍。

注 释

监察机关实行严格的人员准入制度，严把政治关、品行关、能力关、作风关、廉洁关。监察人员必须忠诚坚定、担当尽责、遵纪守法、清正廉洁。

☞ **相关法条**

《监察法实施条例》第256~265条

★ **第五十六条 【监察人员守法义务和业务能力等要求】** 监察人员必须模范遵守宪法和法律，忠于职守、秉公执法，清正廉洁、保守秘密；必须具有良好的政治素质，熟悉监察业务，具备运用法律、法规、政策和调查取证等能力，自觉接受监督。

注 释

监察机关应当对监察人员有计划地进行政治、理论和业务培训。培训应当坚持理论联系实际、按需施教、讲求实效，突出政治机关特色，建设高素质专业化监察队伍。

☞ **相关法条**

《监察法实施条例》第266条

第五十七条 【对监察人员打听案情、过问案件、说情干预、未经批准接触被调查人等情况的报告

备案】 对于监察人员打听案情、过问案件、说情干预的，办理监察事项的监察人员应当及时报告。有关情况应当登记备案。

发现办理监察事项的监察人员未经批准接触被调查人、涉案人员及其特定关系人，或者存在交往情形的，知情人应当及时报告。有关情况应当登记备案。

☞ **相关法条**

《监察法实施条例》第 262 条

第五十八条　【回避制度】 办理监察事项的监察人员有下列情形之一的，应当自行回避，监察对象、检举人及其他有关人员也有权要求其回避：

（一）是监察对象或者检举人的近亲属的；

（二）担任过本案的证人的；

（三）本人或者其近亲属与办理的监察事项有利害关系的；

（四）有可能影响监察事项公正处理的其他情形的。

注释

办理监察事项的监察人员有本条所列情形之一的，应当自行提出回避；没有自行提出回避的，监察机关应当依法决定其回避，监察对象、检举人及其他有关人员也有权要求其回避。

选用借调人员、看护人员、调查场所，应当严格执行回避制度。

监察人员自行提出回避，或者监察对象、检举人及其他有关人员要求监察人员回避的，应当书面或者口头提出，并说明理由。口头提出的，应当形成记录。监察机关主要负责人的回避，由上级监察机关主要负责人决定；其他监察人员的回避，由本级监察机关主要负责人决定。

☞ 相关法条

《监察法实施条例》第 263 条、第 264 条

★ **第五十九条　【监察人员脱密期管理和从业限制】** 监察机关涉密人员离岗离职后，应当遵守脱密期管理规定，严格履行保密义务，不得泄露相关秘密。

监察人员辞职、退休三年内，不得从事与监察和司法工作相关联且可能发生利益冲突的职业。

注释

监察人员离任后，不得担任原任职监察机关办理案件的诉讼代理人或者辩护人，但是作为当事人的监护人或者近亲属代理诉讼或者进行辩护的除外。

☞ **相关法条**

《监察法实施条例》第267~271条

★★ **第六十条 【申诉制度】** 监察机关及其工作人员有下列行为之一的，被调查人及其近亲属有权向该机关申诉：

（一）留置法定期限届满，不予以解除的；

（二）查封、扣押、冻结与案件无关的财物的；

（三）应当解除查封、扣押、冻结措施而不解除的；

（四）贪污、挪用、私分、调换以及违反规定使用查封、扣押、冻结的财物的；

（五）其他违反法律法规、侵害被调查人合法权益的行为。

受理申诉的监察机关应当在受理申诉之日起一个月内作出处理决定。申诉人对处理决定不服的，可以在收到处理决定之日起一个月内向上一级监察机关申请复查，上一级监察机关应当在收到复查申请之日起二个月内作出处理决定，情况属实的，及时予以纠正。

注释

被调查人及其近亲属认为监察机关及监察人员存在本条第1款规定的有关情形，向监察机关提出申诉的，由监察机关案件监督管理部门依法受理，并按照法定的程序和时限办理。

☞ **相关法条**

《监察法实施条例》第272条

★ **第六十一条　【调查结束后发现立案依据不充分或失实、案件处置出现重大失误、监察人员严重违法等的责任追究】**对调查工作结束后发现立案依据不充分或者失实，案件处置出现重大失误，监察人员严重违法的，应当追究负有责任的领导人员和直接责任人员的责任。

注释

监察机关应当建立办案质量责任制，对滥用职权、失职失责造成严重后果的，实行终身责任追究。

☞ **相关法条**

《监察法实施条例》第273条

▶▶小测试◀◀[①]

1. 各级监察委员会应当接受本级人民代表大会及其常务委员会的监督。(　　)
2. 监察机关可以视情况公开监察工作信息，接受民主监督、社会监督、舆论监督。(　　)
3. 监察人员必须模范遵守宪法和法律，忠于职守、秉公执法，清正廉洁、保守秘密。(　　)
4. 监察人员辞职、退休（　　）内，不得从事与监察和司法工作相关联且可能发生利益冲突的职业。

   A. 1 年　　B. 2 年

   C. 3 年　　D. 6 个月
5. 监察机关通过设立内部专门的监督机构等方式，加强对监察人员执行职务和遵守法律情况的监督，建设（　　）的监察队伍。

   A. 忠诚　　B. 保守

   C. 干净　　D. 担当
6. 对于监察人员（　　）的，办理监察事项的监察人员应当及时报告。

   A. 打听案情　　B. 过问案件

---

① 【答案】1. √。2. ×，解析：《监察法》第 54 条。3. √。4. C。5. ACD。6. ABC。7. ABCD。8. ABCD。9. 1；1；2。10. 负有责任的领导人员；直接责任人员。

C. 说情干预　　　　　　　　D. 办事拖沓

7. 办理监察事项的监察人员有下列哪些情形之一的，应当自行回避？（　　）

A. 是监察对象或者检举人的近亲属的

B. 担任过本案的证人的

C. 本人或者其近亲属与办理的监察事项有利害关系的

D. 有可能影响监察事项公正处理的其他情形的

8. 监察机关及其工作人员有下列哪些行为之一的，被调查人及其近亲属有权向该机关申诉？（　　）

A. 留置法定期限届满，不予以解除的

B. 查封、扣押、冻结与案件无关的财物的

C. 应当解除查封、扣押、冻结措施而不解除的

D. 贪污、挪用、私分、调换以及违反规定使用查封、扣押、冻结的财物的

9. 受理申诉的监察机关应当在受理申诉之日起____个月内作出处理决定。申诉人对处理决定不服的，可以在收到处理决定之日起____个月内向上一级监察机关申请复查，上一级监察机关应当在收到复查申请之日起____个月内作出处理决定，情况属实的，及时予以纠正。

10. 对调查工作结束后发现立案依据不充分或者失实，案件处置出现重大失误，监察人员严重违法的，应当追究____和____的责任。

第八章　法律责任

第六十二条　【对拒不执行处理决定或无正当理由拒不采纳监察建议的处理】 有关单位拒不执行监察机关作出的处理决定，或者无正当理由拒不采纳监察建议的，由其主管部门、上级机关责令改正，对单位给予通报批评；对负有责任的领导人员和直接责任人员依法给予处理。

★ **第六十三条　【对阻碍、干扰监察工作的处理】** 有关人员违反本法规定，有下列行为之一的，由其所在单位、主管部门、上级机关或者监察机关责令改正，依法给予处理：

（一）不按要求提供有关材料，拒绝、阻碍调查措施实施等拒不配合监察机关调查的；

（二）提供虚假情况，掩盖事实真相的；

（三）串供或者伪造、隐匿、毁灭证据的；

（四）阻止他人揭发检举、提供证据的；

（五）其他违反本法规定的行为，情节严重的。

注释

有关单位拒不执行监察机关依法作出的下列处理决定的，应当由其主管部门、上级机关责令改正，对单位给予通报批评，对负有责任的领导人员和直接责任人员依法给予处理：(1) 政务处分决定；(2) 问责决定；(3) 谈话提醒、批评教育、责令检查，或者予以诫勉的决定；(4) 采取调查措施的决定；(5) 复审、复核决定；(6) 监察机关依法作出的其他处理决定。

☞ **相关法条**

《监察法实施条例》第 274 条

☆☆ 第六十四条　【对报复陷害、诬告陷害的处理】

监察对象对控告人、检举人、证人或者监察人员进行报复陷害的；控告人、检举人、证人捏造事实诬告陷害监察对象的，依法给予处理。

注释

监察对象对控告人、申诉人、批评人、检举人、证人、监察人员进行打击、压制等报复陷害的，监察机关应当依法给予政务处分。构成犯罪的，依法追究刑事责任。

控告人、检举人、证人采取捏造事实、伪造材料等方式诬告陷害的，监察机关应当依法给予政务处分，或者移送有关机关处理。构成犯罪的，依法追究刑事责任。监察人员因依法履行职责遭受不实举报、诬告陷害、侮辱诽谤，致使名誉受到损害的，监察机关应当会同有关部门及时澄清事实，消除不良影响，并依法追究相关单位或者个人的责任。

典型案例

B某，某高校重点实验室副主任。A某系某高校副校长，国家某重点实验室副主任，二级教授、博士生导师，拥有教育部“长江学者”创新团队带头人、国家新世纪百千万人才等多个头衔。但近年来，纪检监察机关多次收到涉及A某的举报，举报的时间节点多为A某获奖公示、提拔推荐等关键时期，内容多反映A某涉嫌贪污科研经费、论文抄袭等问题，并称A某与多名女学生有不正当男女关系。

经纪委监委调查，举报信反映的内容均不属实。同时，纪委监委在调查中发现，绝大多数匿名举报信均系从该高校附近邮局发出，且从举报内容和字迹判断，有可能是同一人所为。纪委监委依法提请有关机关进行技术鉴定后发现，所有匿名举报信均为A某所在实验室另一名副主任B某所写。后经进一步查实，B某因与A某存在学术分歧，且对A某占有大量科研资源心存妒忌和怨恨，遂多次捏造事实，以匿名虚假举报的方式对A某进行报复。

《监察法》第64条明确规定，控告人、检举人、证人捏造事实诬告陷害监察对象的，依法给予处理。在监察工作中，这主要指控告人、检举人、证人无中生有，捏造或虚构事实，告发陷害监察对象，意图使其受到党政纪处分或者刑事追究等行为，既包括以使监察对象受刑事追究为目的，也包括以败坏监察对象名誉、阻碍监察对象得到某种奖励或者提升为目的而诬告其有违法违纪行为。本案中，B某在A某获奖公示、提拔推荐等关键时期进行诬告，目的就是阻止A某得到奖励、提拔和败坏其名誉。B某的行为属于捏造事实诬告陷害，应当严格依纪依法依规进行处置。①

☞ 相关法条

《监察法实施条例》第275条、第276条

第六十五条　【对监察机关及其工作人员违法行使职权的责任追究】 监察机关及其工作人员有下列行为之一的，对负有责任的领导人员和直接责任人员依

① 参见中央纪委国家监委举报网站：《诬告陷害典型案例》，http：//www.12388.gov.cn/html/example_ top.html，最后访问日期2022年4月5日。

法给予处理：

（一）未经批准、授权处置问题线索，发现重大案情隐瞒不报，或者私自留存、处理涉案材料的；

（二）利用职权或者职务上的影响干预调查工作、以案谋私的；

（三）违法窃取、泄露调查工作信息，或者泄露举报事项、举报受理情况以及举报人信息的；

（四）对被调查人或者涉案人员逼供、诱供，或者侮辱、打骂、虐待、体罚或者变相体罚的；

（五）违反规定处置查封、扣押、冻结的财物的；

（六）违反规定发生办案安全事故，或者发生安全事故后隐瞒不报、报告失实、处置不当的；

（七）违反规定采取留置措施的；

（八）违反规定限制他人出境，或者不按规定解除出境限制的；

（九）其他滥用职权、玩忽职守、徇私舞弊的行为。

☞ **相关法条**

《监察法实施条例》第 277 条

★★ **第六十六条　【对构成犯罪的追究刑事责任】** 违反本法规定，构成犯罪的，依法追究刑事责任。

监察人员在履行职责中有下列行为之一的，依法严肃处理；构成犯罪的，依法追究刑事责任：(1) 贪污贿赂、徇私舞弊的；(2) 不履行或者不正确履行监督职责，应当发现的问题没有发现，或者发现问题不报告、不处置，造成严重影响的；(3) 未经批准、授权处置问题线索，发现重大案情隐瞒不报，或者私自留存、处理涉案材料的；(4) 利用职权或者职务上的影响干预调查工作的；(5) 违法窃取、泄露调查工作信息，或者泄露举报事项、举报受理情况以及举报人信息的；(6) 对被调查人或者涉案人员逼供、诱供，或者侮辱、打骂、虐待、体罚或者变相体罚的；(7) 违反规定处置查封、扣押、冻结的财物的；(8) 违反规定导致发生办案安全事故，或者发生安全事故后隐瞒不报、报告失实、处置不当的；(9) 违反规定采取留置措施的；(10) 违反规定限制他人出境，或者不按规定解除出境限制的；(11) 其他职务违法和职务犯罪行为。

☞ **相关法条**

《监察法实施条例》第278条、第279条

★★ **第六十七条　【监察机关国家赔偿责任】** 监察机关及其工作人员行使职权，侵犯公民、法人和其他组织的合法权益造成损害的，依法给予国家赔偿。

注释

监察机关及其工作人员在行使职权时，有下列情形之一的，受害人可以申请国家赔偿：(1) 采取留置措施后，决定撤销案件的；(2) 违法没收、追缴或者违法查封、扣押、冻结财物造成损害的；(3) 违法行使职权，造成被调查人、涉案人员或者证人身体伤害或者死亡的；(4) 非法剥夺他人人身自由的；(5) 其他侵犯公民、法人和其他组织合法权益造成损害的。受害人死亡的，其继承人和其他有扶养关系的亲属有权要求赔偿；受害的法人或者其他组织终止的，其权利承受人有权要求赔偿。

☞ **相关法条**

《监察法实施条例》第 280 条、第 281 条

▶▶小测试◀◀①

1. 有关单位拒不执行监察机关作出的处理决定，或者无正当理由拒不采纳监察建议的，应当对负有责任的领导人员和直接责任人员进行处分。(　　)

2. 有关人员违反《监察法》规定，有下列哪些行为之一的，

① 【答案】1. ×，解析：《监察法》第 62 条。2. ABCD。3. 报复陷害；诬告陷害。4. 国家赔偿。

由其所在单位、主管部门、上级机关或者监察机关责令改正，依法给予处理？（　　）

A. 不按要求提供有关材料，拒绝、阻碍调查措施实施等拒不配合监察机关调查的

B. 提供虚假情况，掩盖事实真相的

C. 串供或者伪造、隐匿、毁灭证据的

D. 阻止他人揭发检举、提供证据的

3. 监察对象对控告人、检举人、证人或者监察人员进行____的；控告人、检举人、证人捏造事实____监察对象的，依法给予处理。

4. 监察机关及其工作人员行使职权，侵犯公民、法人和其他组织的合法权益造成损害的，依法给予____。

第九章　附　　则

第六十八条　【中国人民解放军和中国人民武装警察部队开展监察工作的特殊规定】 中国人民解放军和中国人民武装警察部队开展监察工作，由中央军事委员会根据本法制定具体规定。

第六十九条　【施行时间和效力】 本法自公布之日起施行。《中华人民共和国行政监察法》同时废止。

附录一　相关规定

中华人民共和国宪法（节录）

（1982年12月4日第五届全国人民代表大会第五次会议通过　1982年12月4日全国人民代表大会公告公布施行

根据1988年4月12日第七届全国人民代表大会第一次会议通过的《中华人民共和国宪法修正案》、1993年3月29日第八届全国人民代表大会第一次会议通过的《中华人民共和国宪法修正案》、1999年3月15日第九届全国人民代表大会第二次会议通过的《中华人民共和国宪法修正案》、2004年3月14日第十届全国人民代表大会第二次会议通过的《中华人民共和国宪法修正案》和2018年3月11日第十三届全国人民代表大会第一次会议通过的《中华人民共和国宪法修正案》修正）

……

★ **第六十二条** 全国人民代表大会行使下列职权：

（一）修改宪法；

（二）监督宪法的实施；

（三）制定和修改刑事、民事、国家机构的和其他的基本法律；

（四）选举中华人民共和国主席、副主席；

（五）根据中华人民共和国主席的提名，决定国务院总理的人选；根据国务院总理的提名，决定国务院副总理、国务委员、各部部长、各委员会主任、审计长、秘书长的人选；

（六）选举中央军事委员会主席；根据中央军事委员会主席的提名，决定中央军事委员会其他组成人员的人选；

（七）选举国家监察委员会主任；

（八）选举最高人民法院院长；

（九）选举最高人民检察院检察长；

（十）审查和批准国民经济和社会发展计划和计划执行情况的报告；

（十一）审查和批准国家的预算和预算执行情况的报告；

（十二）改变或者撤销全国人民代表大会常务委

员会不适当的决定；

（十三）批准省、自治区和直辖市的建置；

（十四）决定特别行政区的设立及其制度；

（十五）决定战争和和平的问题；

（十六）应当由最高国家权力机关行使的其他职权。

第六十三条 全国人民代表大会有权罢免下列人员：

（一）中华人民共和国主席、副主席；

（二）国务院总理、副总理、国务委员、各部部长、各委员会主任、审计长、秘书长；

（三）中央军事委员会主席和中央军事委员会其他组成人员；

（四）国家监察委员会主任；

（五）最高人民法院院长；

（六）最高人民检察院检察长。

……

第六十七条 全国人民代表大会常务委员会行使下列职权：

（一）解释宪法，监督宪法的实施；

（二）制定和修改除应当由全国人民代表大会制

定的法律以外的其他法律；

（三）在全国人民代表大会闭会期间，对全国人民代表大会制定的法律进行部分补充和修改，但是不得同该法律的基本原则相抵触；

（四）解释法律；

（五）在全国人民代表大会闭会期间，审查和批准国民经济和社会发展计划、国家预算在执行过程中所必须作的部分调整方案；

（六）监督国务院、中央军事委员会、国家监察委员会、最高人民法院和最高人民检察院的工作；

（七）撤销国务院制定的同宪法、法律相抵触的行政法规、决定和命令；

（八）撤销省、自治区、直辖市国家权力机关制定的同宪法、法律和行政法规相抵触的地方性法规和决议；

（九）在全国人民代表大会闭会期间，根据国务院总理的提名，决定部长、委员会主任、审计长、秘书长的人选；

（十）在全国人民代表大会闭会期间，根据中央军事委员会主席的提名，决定中央军事委员会其他组成人员的人选；

（十一）根据国家监察委员会主任的提请，任免国家监察委员会副主任、委员；

（十二）根据最高人民法院院长的提请，任免最高人民法院副院长、审判员、审判委员会委员和军事法院院长；

（十三）根据最高人民检察院检察长的提请，任免最高人民检察院副检察长、检察员、检察委员会委员和军事检察院检察长，并且批准省、自治区、直辖市的人民检察院检察长的任免；

（十四）决定驻外全权代表的任免；

（十五）决定同外国缔结的条约和重要协定的批准和废除；

（十六）规定军人和外交人员的衔级制度和其他专门衔级制度；

（十七）规定和决定授予国家的勋章和荣誉称号；

（十八）决定特赦；

（十九）在全国人民代表大会闭会期间，如果遇到国家遭受武装侵犯或者必须履行国际间共同防止侵略的条约的情况，决定战争状态的宣布；

（二十）决定全国总动员或者局部动员；

（二十一）决定全国或者个别省、自治区、直辖市进入紧急状态；

（二十二）全国人民代表大会授予的其他职权。

……

第一百零四条 县级以上的地方各级人民代表大会常务委员会讨论、决定本行政区域内各方面工作的重大事项；监督本级人民政府、监察委员会、人民法院和人民检察院的工作；撤销本级人民政府的不适当的决定和命令；撤销下一级人民代表大会的不适当的决议；依照法律规定的权限决定国家机关工作人员的任免；在本级人民代表大会闭会期间，罢免和补选上一级人民代表大会的个别代表。

……

第七节 监察委员会

★★ **第一百二十三条** 中华人民共和国各级监察委员会是国家的监察机关。

★★ **第一百二十四条** 中华人民共和国设立国家监察委员会和地方各级监察委员会。

监察委员会由下列人员组成：

主任，

副主任若干人，

委员若干人。

监察委员会主任每届任期同本级人民代表大会每届任期相同。国家监察委员会主任连续任职不得超过两届。

监察委员会的组织和职权由法律规定。

★ **第一百二十五条** 中华人民共和国国家监察委员会是最高监察机关。

国家监察委员会领导地方各级监察委员会的工作，上级监察委员会领导下级监察委员会的工作。

★ **第一百二十六条** 国家监察委员会对全国人民代表大会和全国人民代表大会常务委员会负责。地方各级监察委员会对产生它的国家权力机关和上一级监察委员会负责。

★★★ **第一百二十七条** 监察委员会依照法律规定独立行使监察权，不受行政机关、社会团体和个人的干涉。

监察机关办理职务违法和职务犯罪案件，应当与审判机关、检察机关、执法部门互相配合，互相制约。

……

中华人民共和国监察官法

（2021年8月20日第十三届全国人民代表大会常务委员会第三十次会议通过　2021年8月20日中华人民共和国主席令第92号公布　自2022年1月1日起施行）

第一章　总　　则

第一条　为了加强对监察官的管理和监督，保障监察官依法履行职责，维护监察官合法权益，推进高素质专业化监察官队伍建设，推进监察工作规范化、法治化，根据宪法和《中华人民共和国监察法》，制定本法。

第二条　监察官的管理和监督坚持中国共产党领导，坚持以马克思列宁主义、毛泽东思想、邓小平理论、“三个代表”重要思想、科学发展观、习近平新时代中国特色社会主义思想为指导，坚持党管干部原则，增强监察官的使命感、责任感、荣誉感，建设忠诚干净担当的监察官队伍。

★★ **第三条** 监察官包括下列人员：

（一）各级监察委员会的主任、副主任、委员；

（二）各级监察委员会机关中的监察人员；

（三）各级监察委员会派驻或者派出到中国共产党机关、国家机关、法律法规授权或者委托管理公共事务的组织和单位以及所管辖的行政区域等的监察机构中的监察人员、监察专员；

（四）其他依法行使监察权的监察机构中的监察人员。

对各级监察委员会派驻到国有企业的监察机构工作人员、监察专员，以及国有企业中其他依法行使监察权的监察机构工作人员的监督管理，参照执行本法有关规定。

★ **第四条** 监察官应当忠诚坚定、担当尽责、清正廉洁，做严格自律、作风优良、拒腐防变的表率。

第五条 监察官应当维护宪法和法律的尊严和权威，以事实为根据，以法律为准绳，客观公正地履行职责，保障当事人的合法权益。

第六条 监察官应当严格按照规定的权限和程序履行职责，坚持民主集中制，重大事项集体研究。

★ **第七条** 监察机关应当建立健全对监察官的监督制度和机制，确保权力受到严格约束。

监察官应当自觉接受组织监督和民主监督、社会监督、舆论监督。

★★ **第八条** 监察官依法履行职责受法律保护，不受行政机关、社会团体和个人的干涉。

第二章 监察官的职责、义务和权利

★★★ **第九条** 监察官依法履行下列职责：

（一）对公职人员开展廉政教育；

（二）对公职人员依法履职、秉公用权、廉洁从政从业以及道德操守情况进行监督检查；

（三）对法律规定由监察机关管辖的职务违法和职务犯罪进行调查；

（四）根据监督、调查的结果，对办理的监察事项提出处置意见；

（五）开展反腐败国际合作方面的工作；

（六）法律规定的其他职责。

监察官在职权范围内对所办理的监察事项负责。

★★★ **第十条** 监察官应当履行下列义务：

（一）自觉坚持中国共产党领导，严格执行中国共产党和国家的路线方针政策、重大决策部署；

（二）模范遵守宪法和法律；

（三）维护国家和人民利益，秉公执法，勇于担当、敢于监督，坚决同腐败现象作斗争；

（四）依法保障监察对象及有关人员的合法权益；

（五）忠于职守，勤勉尽责，努力提高工作质量和效率；

（六）保守国家秘密和监察工作秘密，对履行职责中知悉的商业秘密和个人隐私、个人信息予以保密；

（七）严守纪律，恪守职业道德，模范遵守社会公德、家庭美德；

（八）自觉接受监督；

（九）法律规定的其他义务。

★★ **第十一条** 监察官享有下列权利：

（一）履行监察官职责应当具有的职权和工作条件；

（二）履行监察官职责应当享有的职业保障和福利待遇；

（三）人身、财产和住所安全受法律保护；

（四）提出申诉或者控告；

（五）《中华人民共和国公务员法》等法律规定的其他权利。

第三章　监察官的条件和选用

★★ **第十二条**　担任监察官应当具备下列条件：

（一）具有中华人民共和国国籍；

（二）忠于宪法，坚持中国共产党领导和社会主义制度；

（三）具有良好的政治素质、道德品行和廉洁作风；

（四）熟悉法律、法规、政策，具有履行监督、调查、处置等职责的专业知识和能力；

（五）具有正常履行职责的身体条件和心理素质；

（六）具备高等学校本科及以上学历；

（七）法律规定的其他条件。

本法施行前的监察人员不具备前款第六项规定的学历条件的，应当接受培训和考核，具体办法由国家监察委员会制定。

★★ **第十三条**　有下列情形之一的，不得担任监察官：

（一）因犯罪受过刑事处罚，以及因犯罪情节轻微被人民检察院依法作出不起诉决定或者被人民法院依法免予刑事处罚的；

（二）被撤销中国共产党党内职务、留党察看、开除党籍的；

（三）被撤职或者开除公职的；

（四）被依法列为失信联合惩戒对象的；

（五）配偶已移居国（境）外，或者没有配偶但是子女均已移居国（境）外的；

（六）法律规定的其他情形。

第十四条 监察官的选用，坚持德才兼备、以德为先，坚持五湖四海、任人唯贤，坚持事业为上、公道正派，突出政治标准，注重工作实绩。

★ **第十五条** 监察官采用考试、考核的办法，从符合监察官条件的人员中择优选用。

第十六条 录用监察官，应当依照法律和国家有关规定采取公开考试、严格考察、平等竞争、择优录取的办法。

第十七条 监察委员会可以根据监察工作需要，依照法律和国家有关规定从中国共产党机关、国家机关、事业单位、国有企业等机关、单位从事公务的人员中选择符合任职条件的人员担任监察官。

第十八条 监察委员会可以根据监察工作需要，依照法律和国家有关规定在从事与监察机关职能职责相关的职业或者教学、研究的人员中选拔或者聘任符合任职条件的人员担任监察官。

第四章 监察官的任免

★★ **第十九条** 国家监察委员会主任由全国人民代表大会选举和罢免，副主任、委员由国家监察委员会主任提请全国人民代表大会常务委员会任免。

地方各级监察委员会主任由本级人民代表大会选举和罢免，副主任、委员由监察委员会主任提请本级人民代表大会常务委员会任免。

新疆生产建设兵团各级监察委员会主任、副主任、委员，由新疆维吾尔自治区监察委员会主任提请自治区人民代表大会常务委员会任免。

其他监察官的任免，按照管理权限和规定的程序办理。

第二十条 监察官就职时应当依照法律规定进行

宪法宣誓。

★★ **第二十一条** 监察官有下列情形之一的，应当免去其监察官职务：

（一）丧失中华人民共和国国籍的；

（二）职务变动不需要保留监察官职务的；

（三）退休的；

（四）辞职或者依法应当予以辞退的；

（五）因违纪违法被调离或者开除的；

（六）法律规定的其他情形。

☆☆ **第二十二条** 监察官不得兼任人民代表大会常务委员会的组成人员，不得兼任行政机关、审判机关、检察机关的职务，不得兼任企业或者其他营利性组织、事业单位的职务，不得兼任人民陪审员、人民监督员、执业律师、仲裁员和公证员。

监察官因工作需要兼职的，应当按照管理权限批准，但是不得领取兼职报酬。

★★ **第二十三条** 监察官担任县级、设区的市级监察委员会主任的，应当按照有关规定实行地域回避。

☆☆ **第二十四条** 监察官之间有夫妻关系、直系血亲关系、三代以内旁系血亲以及近姻亲关系的，不得同时担任下列职务：

（一）同一监察委员会的主任、副主任、委员，上述人员和其他监察官；

（二）监察委员会机关同一部门的监察官；

（三）同一派驻机构、派出机构或者其他监察机构的监察官；

（四）上下相邻两级监察委员会的主任、副主任、委员。

第五章　监察官的管理

★ **第二十五条**　监察官等级分为十三级，依次为总监察官、一级副总监察官、二级副总监察官，一级高级监察官、二级高级监察官、三级高级监察官、四级高级监察官，一级监察官、二级监察官、三级监察官、四级监察官、五级监察官、六级监察官。

第二十六条　国家监察委员会主任为总监察官。

第二十七条　监察官等级的确定，以监察官担任的职务职级、德才表现、业务水平、工作实绩和工作年限等为依据。

监察官等级晋升采取按期晋升和择优选升相结合的方式，特别优秀或者作出特别贡献的，可以提前选升。

第二十八条 监察官的等级设置、确定和晋升的具体办法，由国家另行规定。

★★ **第二十九条** 初任监察官实行职前培训制度。

第三十条 对监察官应当有计划地进行政治、理论和业务培训。

培训应当突出政治机关特色，坚持理论联系实际、按需施教、讲求实效，提高专业能力。

监察官培训情况，作为监察官考核的内容和任职、等级晋升的依据之一。

第三十一条 监察官培训机构按照有关规定承担培训监察官的任务。

第三十二条 国家加强监察学科建设，鼓励具备条件的普通高等学校设置监察专业或者开设监察课程，培养德才兼备的高素质监察官后备人才，提高监察官的专业能力。

第三十三条 监察官依照法律和国家有关规定实行任职交流。

★ **第三十四条** 监察官申请辞职，应当由本人书面提出，按照管理权限批准后，依照规定的程序免去其职务。

第三十五条 监察官有依法应当予以辞退情形的，依照规定的程序免去其职务。

辞退监察官应当按照管理权限决定。辞退决定应当以书面形式通知被辞退的监察官，并列明作出决定的理由和依据。

第六章 监察官的考核和奖励

第三十六条 对监察官的考核，应当全面、客观、公正，实行平时考核、专项考核和年度考核相结合。

第三十七条 监察官的考核应当按照管理权限，全面考核监察官的德、能、勤、绩、廉，重点考核政治素质、工作实绩和廉洁自律情况。

第三十八条 年度考核结果分为优秀、称职、基本称职和不称职四个等次。

考核结果作为调整监察官等级、工资以及监察官奖惩、免职、降职、辞退的依据。

第三十九条 年度考核结果以书面形式通知监察官本人。监察官对考核结果如果有异议，可以申请复核。

第四十条　对在监察工作中有显著成绩和贡献，或者有其他突出事迹的监察官、监察官集体，给予奖励。

★★ **第四十一条**　监察官有下列表现之一的，给予奖励：

（一）履行监督职责，成效显著的；

（二）在调查、处置职务违法和职务犯罪工作中，做出显著成绩和贡献的；

（三）提出有价值的监察建议，对防止和消除重大风险隐患效果显著的；

（四）研究监察理论、总结监察实践经验成果突出，对监察工作有指导作用的；

（五）有其他功绩的。

监察官的奖励按照有关规定办理。

第七章　监察官的监督和惩戒

第四十二条　监察机关应当规范工作流程，加强内部监督制约机制建设，强化对监察官执行职务和遵守法律情况的监督。

★★ **第四十三条**　任何单位和个人对监察官的违纪违

法行为，有权检举、控告。受理检举、控告的机关应当及时调查处理，并将结果告知检举人、控告人。

对依法检举、控告的单位和个人，任何人不得压制和打击报复。

第四十四条 对于审判机关、检察机关、执法部门等移送的监察官违纪违法履行职责的问题线索，监察机关应当及时调查处理。

第四十五条 监察委员会根据工作需要，按照规定从各方面代表中聘请特约监察员等监督人员，对监察官履行职责情况进行监督，提出加强和改进监察工作的意见、建议。

☆☆ **第四十六条** 监察官不得打听案情、过问案件、说情干预。对于上述行为，办理监察事项的监察官应当及时向上级报告。有关情况应当登记备案。

办理监察事项的监察官未经批准不得接触被调查人、涉案人员及其特定关系人，或者与其进行交往。对于上述行为，知悉情况的监察官应当及时向上级报告。有关情况应当登记备案。

☆☆ **第四十七条** 办理监察事项的监察官有下列情形之一的，应当自行回避，监察对象、检举人、控告人及其他有关人员也有权要求其回避；没有主动申请回避的，监察机关应当依法决定其回避：

（一）是监察对象或者检举人、控告人的近亲属的；

（二）担任过本案的证人的；

（三）本人或者其近亲属与办理的监察事项有利害关系的；

（四）有可能影响监察事项公正处理的其他情形的。

★ **第四十八条** 监察官应当严格执行保密制度，控制监察事项知悉范围和时间，不得私自留存、隐匿、查阅、摘抄、复制、携带问题线索和涉案资料，严禁泄露监察工作秘密。

监察官离岗离职后，应当遵守脱密期管理规定，严格履行保密义务，不得泄露相关秘密。

★★ **第四十九条** 监察官离任三年内，不得从事与监察和司法工作相关联且可能发生利益冲突的职业。

监察官离任后，不得担任原任职监察机关办理案件的诉讼代理人或者辩护人，但是作为当事人的监护人或者近亲属代理诉讼、进行辩护的除外。

监察官被开除后，不得担任诉讼代理人或者辩护人，但是作为当事人的监护人或者近亲属代理诉讼、进行辩护的除外。

第五十条 监察官应当遵守有关规范领导干部配偶、子女及其配偶经商办企业行为的规定。违反规定的，予以处理。

★ **第五十一条** 监察官的配偶、父母、子女及其配偶不得以律师身份担任该监察官所任职监察机关办理案件的诉讼代理人、辩护人，或者提供其他有偿法律服务。

★★ **第五十二条** 监察官有下列行为之一的，依法给予处理；构成犯罪的，依法追究刑事责任：

（一）贪污贿赂的；

（二）不履行或者不正确履行监督职责，应当发现的问题没有发现，或者发现问题不报告、不处置，造成恶劣影响的；

（三）未经批准、授权处置问题线索，发现重大案情隐瞒不报，或者私自留存、处理涉案材料的；

（四）利用职权或者职务上的影响干预调查工作、以案谋私的；

（五）窃取、泄露调查工作信息，或者泄露举报事项、举报受理情况以及举报人信息的；

（六）隐瞒、伪造、变造、故意损毁证据、案件材料的；

（七）对被调查人或者涉案人员逼供、诱供，或者侮辱、打骂、虐待、体罚、变相体罚的；

（八）违反规定采取调查措施或者处置涉案财物的；

（九）违反规定发生办案安全事故，或者发生安全事故后隐瞒不报、报告失实、处置不当的；

（十）其他职务违法犯罪行为。

监察官有其他违纪违法行为，影响监察官队伍形象，损害国家和人民利益的，依法追究相应责任。

第五十三条 监察官涉嫌违纪违法，已经被立案审查、调查、侦查，不宜继续履行职责的，按照管理权限和规定的程序暂时停止其履行职务。

★ **第五十四条** 实行监察官责任追究制度，对滥用职权、失职失责造成严重后果的，终身追究责任或者进行问责。

监察官涉嫌严重职务违法、职务犯罪或者对案件处置出现重大失误的，应当追究负有责任的领导人员和直接责任人员的责任。

第八章 监察官的职业保障

★★ **第五十五条** 除下列情形外，不得将监察官调离：

（一）按规定需要任职回避的；

（二）按规定实行任职交流的；

（三）因机构、编制调整需要调整工作的；

（四）因违纪违法不适合继续从事监察工作的；

（五）法律规定的其他情形。

第五十六条 任何单位或者个人不得要求监察官从事超出法定职责范围的事务。

对任何干涉监察官依法履职的行为，监察官有权拒绝并予以全面如实记录和报告；有违纪违法情形的，由有关机关根据情节轻重追究有关人员的责任。

★ **第五十七条** 监察官的职业尊严和人身安全受法律保护。

任何单位和个人不得对监察官及其近亲属打击报复。

对监察官及其近亲属实施报复陷害、侮辱诽谤、暴力侵害、威胁恐吓、滋事骚扰等违法犯罪行为的，应当依法从严惩治。

第五十八条 监察官因依法履行职责遭受不实举报、诬告陷害、侮辱诽谤，致使名誉受到损害的，监察机关应当会同有关部门及时澄清事实，消除不良影响，并依法追究相关单位或者个人的责任。

第五十九条 监察官因依法履行职责，本人及其近亲属人身安全面临危险的，监察机关、公安机关应当对监察官及其近亲属采取人身保护、禁止特定人员接触等必要保护措施。

第六十条 监察官实行国家规定的工资制度，享受监察官等级津贴和其他津贴、补贴、奖金、保险、福利待遇。监察官的工资及等级津贴制度，由国家另行规定。

第六十一条 监察官因公致残的，享受国家规定的伤残待遇。监察官因公牺牲或者病故的，其亲属享受国家规定的抚恤和优待。

第六十二条 监察官退休后，享受国家规定的养老金和其他待遇。

第六十三条 对于国家机关及其工作人员侵犯监察官权利的行为，监察官有权提出控告。

受理控告的机关应当依法调查处理，并将调查处理结果及时告知本人。

第六十四条 监察官对涉及本人的政务处分、处分和人事处理不服的，可以依照规定的程序申请复审、复核，提出申诉。

★ **第六十五条** 对监察官的政务处分、处分或者人事处理错误的，应当及时予以纠正；造成名誉损害的，应当恢复名誉、消除影响、赔礼道歉；造成经济损失的，应当赔偿。对打击报复的直接责任人员，应当依法追究其责任。

第九章 附 则

第六十六条 有关监察官的权利、义务和管理制度，本法已有规定的，适用本法的规定；本法未作规定的，适用《中华人民共和国公务员法》等法律法规的规定。

第六十七条 中国人民解放军和中国人民武装警察部队的监察官制度，按照国家和军队有关规定执行。

第六十八条 本法自2022年1月1日起施行。

附录二 实用图表

<table>
<tr><td rowspan="2">监察机关的设置</td><td colspan="2">中华人民共和国国家监察委员会是最高监察机关</td></tr>
<tr><td colspan="2">省、自治区、直辖市、自治州、县、自治县、市、市辖区设立监察委员会</td></tr>
<tr><td rowspan="7">监察委员会的职责</td><td>监督</td><td>对公职人员开展廉政教育，对其依法履职、秉公用权、廉洁从政从业以及道德操守情况进行监督检查</td></tr>
<tr><td>调查</td><td>对涉嫌贪污贿赂、滥用职权、玩忽职守、权力寻租、利益输送、徇私舞弊以及浪费国家资财等职务违法和职务犯罪进行调查</td></tr>
<tr><td rowspan="4">处置</td><td>对违法的公职人员依法作出政务处分决定</td></tr>
<tr><td>对履行职责不力、失职失责的领导人员进行问责</td></tr>
<tr><td>对涉嫌职务犯罪的，将调查结果移送人民检察院依法审查、提起公诉</td></tr>
<tr><td>向监察对象所在单位提出监察建议</td></tr>
<tr><td rowspan="3">监察对象</td><td colspan="2">中国共产党机关、人民代表大会及其常务委员会机关、人民政府、监察委员会、人民法院、人民检察院、中国人民政治协商会议各级委员会机关、民主党派机关和工商业联合会机关的公务员，以及参照《公务员法》管理的人员</td></tr>
<tr><td colspan="2">法律、法规授权或者受国家机关依法委托管理公共事务的组织中从事公务的人员</td></tr>
<tr><td colspan="2">国有企业管理人员</td></tr>
</table>

续表

	公办的教育、科研、文化、医疗卫生、体育等单位中从事管理的人员	
	基层群众性自治组织中从事管理的人员	
	其他依法履行公职的人员	
监察权限	监督、调查	向有关单位和个人了解情况，收集、调取证据
	谈话	对可能发生职务违法的监察对象进行谈话或者要求说明情况
	讯问	讯问涉嫌贪污贿赂、失职渎职等职务犯罪的被调查人
	询问	询问证人等人员
	留置	法定情形下将被调查人留置在特定场所
	查询、冻结	查询、冻结涉案单位和个人的存款、汇款、债券、股票、基金份额等财产
	搜查	对涉嫌职务犯罪的被调查人以及可能隐藏被调查人或者犯罪证据的人的身体、物品、住处和其他有关地方进行搜查
	调取、查封、扣押	调取、查封、扣押用以证明被调查人涉嫌违法犯罪的财物、文件和电子数据等信息
	勘验检查	直接或者指派、聘请具有专门知识、资格的人员在调查人员主持下进行勘验检查